Sabine Asgodom

Queen of fucking everything

So bekommst du das großartige Leben, das zu dir passt

dtv

**Ausführliche Informationen über
unsere Autorinnen und Autoren und ihre Bücher
finden Sie unter www.dtv.de**

Dieses Buch ist auch als eBook erhältlich.

Originalausgabe
2. Auflage 2020
© 2020 dtv Verlagsgesellschaft mbH & Co. KG, München

Umschlaggestaltung: ZERO Werbeagentur GmbH
unter Verwendung von Fotos von shutterstock.com
Gesetzt aus der Alda OT CEV 10,75/14,5˙
Satz: Fotosatz Amann, Memmingen
Druck und Bindung: CPI books GmbH, Leck
Printed in Germany · ISBN 978-3-423-26275-0

Ich widme dieses Buch
den Heldinnen unserer Zeit

Inhalt

Queen of fucking everything

Liebe Leserin,
darf ich dir als Erstes das »Buch-Du« anbieten? Ich möchte hier viele persönliche Gedanken, Geschichten, Erkenntnisse und Erfahrungen mit dir teilen, da finde ich das distanzierte »Sie« zu gestelzt. Was ich mit »Buch-Du« meine? In diesem Buch werde ich dich mit Du anreden, mit allem Respekt. Wenn wir uns hoffentlich einmal in der Realität begegnen, darfst du entscheiden, wie du als »Queen of fucking everything« von mir angesprochen werden möchtest.

Ich liebe diesen Buchtitel! Hast du grinsen müssen? Oder stirnrunzelnd im Buch geblättert? Hat sich deine Freundin diebisch gefreut, als sie dir dieses Buch geschenkt hat, oder deine Schwester, deine Mutter, deine Tochter, dein Partner, deine Liebste?

Vor zwölf Jahren hat mir mein Mann eine Schachtel mit Notizblättern mit diesem Aufdruck geschenkt. Ich habe erst kurz gestutzt, wie meinte er das? Ich wusste nicht, ob ich stolz oder beleidigt sein sollte. Er hat mir dann erklärt, dass das F-Wort in den USA oft einfach verstärkend eingesetzt wird, wie »sehr« zum Beispiel. »You're

9

a fucking good driver« ist ein großes Kompliment. Und so weit sind wir im Deutschen da ja gar nicht entfernt, wir sagen ja auch: »Du bist eine verdammt gute Autofahrerin!« Danach habe ich mit ihm zusammen lachen können. »Das bist du doch«, hat er gesagt und mich bewundernd angesehen.

Diese Blechschachtel steht heute noch auf meinem Schreibtisch und erinnert mich immer daran, was er gemeint hat:

→ Du lebst dein Leben, wie du es möchtest.
→ Du sagst, was du denkst.
→ Du liebst, was du tust.
→ Du zeigst, wie du dich fühlst und was dir fehlt.
→ Du lebst impulsiv, und Scheitern ist für dich nicht bedrohlich.
→ Du wirst nicht irgendwann im Alter sagen: »Ach, hätt' ich doch; oh, wär' ich doch ...«

In diesem Buch erfährst du, wie auch du ein »Queensize-Leben« führen kannst: das großartige Leben, das zu dir passt. Es hat mit Entscheidungen und Veränderungen zu tun, denn: Wenn du mit dem Leben tanzen willst, dann musst du dich bewegen.

Ich werde dir verraten, was der Unterschied zwischen einer Prinzessin und einer Königin ist. Und wie einfach es ist, die Kronen zu tauschen. Du wirst lernen, deine Unabhängigkeitserklärung zu schreiben, damit du den Respekt bekommst, den du verdienst. Du wirst lesen, warum es schädlich ist, Wut, Ärger oder Enttäuschung »wegzulachen«, wie es viele Frauen machen. Und ich zeige dir Alternativen dazu: brodelnde Gefühle entweder auszusprechen oder Strategien zu entwickeln, weise damit umzugehen. ›Mich kränkt so schnell keiner!‹, hieß mal ein Buchtitel meiner geschätzten Kollegin Bärbel Wardetzki. So ist es.

In Monarchien werden der König oder die Königin auch als »Souverän« bezeichnet. In Demokratien ist der oberste Souverän das Volk. Also, wenn du lieber demokratisch denkst, dann bedeutet Souveränität das Selbstbestimmungsrecht der Menschen. Und um dieses Selbstbestimmungsrecht geht es in meinem Buch. Bitte verstehe das Königin-Bild als fantasievolle Metapher.

Um ehrlich zu sein, ich war nicht immer die Königin, nicht mal die Prinzessin, in meiner Selbstdarstellung war ich lange Zeit eher das Aschenputtel. Ich habe noch im Elternhaus gelernt: »Kinder, die was wollen, bekommen was auf die Bollen.« Bollen, so habe ich erst viel später mal erfahren, heißt »Hinterteil«.

Was mir von Anfang an klar war: Als Kind hast du nichts zu melden und schon gar nichts zu fordern. Du darfst deinen eigenen Gefühlen nicht vertrauen. Du musst deine Gedanken für dich behalten. Du darfst nicht »Nein« sagen. Du darfst nichts infrage stellen. Du hast deine Eltern nicht zu kritisieren. Sie entscheiden, was du bekommst. Dazu passte ein anderer Spruch meines Vaters: »Mach mal die Augen zu, dann weißt du, was dir gehört.« Klar, das wusste ich, gar nix! Wenn du mehr über meinen Werdegang erfahren möchtest, lies das Kapitel »Queen-Sein braucht ein starkes Ich«.

Doch Gott sei Dank ist es nie zu spät für eine glückliche

Kindheit, hat der berühmte Psychologe Milton Erickson einmal geschrieben. Als Journalistin bereiste ich 1979 Eritrea, wo damals Krieg herrschte. Wir besichtigten gerade ein Flüchtlingslager, das in einem lang gezogenen Tal zwischen Felshügeln im Sand lag, als plötzlich unser Begleiter angelaufen kam und rief: »Schnell, versteckt euch in einem der Zelte. Wir erwarten einen Luftangriff. Setzt euch dort auf eine Pritsche, steckt die Zeigefinger in die Ohren und macht den Mund weit auf. So platzt das Trommelfell nicht, wenn in der Nähe Raketen einschlagen.« Dann hörten wir das herannahende Flugzeug, im Tiefflug donnerte es über unser Tal. Und dann krachte es: Die abgefeuerten Raketen schlugen ringsherum ein. Bam, Bam, Bam. Ich hatte Todesangst.

Kannst du dir vorstellen, dass sich in ein, zwei Minuten in deinem Leben alles ändert? Dass dafür ein einschneidendes Erlebnis, ein Gedanke, eine Erkenntnis, ein Satz, den wir lesen, ausreichen kann? Die Amerikaner nennen solche Momente »game changer«. Ich habe in einem Augenblick zwei Dinge gelernt: Ich liebe das Leben. Und: Das Leben kann jede Sekunde vorbei sein. Dabei hatte ich doch noch gar nicht richtig gelebt. Um ehrlich zu sein, hatte ich noch nicht einmal richtig angefangen, die Süße meines Lebens zu schmecken. Sollte das etwa schon alles gewesen sein?

Mit diesem dramatischen Erlebnis in Eritrea veränderte sich mein Ziel: Ich wollte *mein* Leben leben! Nicht das Zerrbild, das sich andere für mich ausgedacht hatten, das von Mahnungen wie »Sei sittsam und bescheiden, dann kann dich jeder leiden« geprägt war. Oder von den Sprüchen in meinem hellblauen Poesiealbum wie: »Wandle stets auf Rosen in immergrüner Au, bis einer kommt in Hosen und nimmt dich dann zur Frau.« Bullshit!

Mein Lebens-Wegweiser war neu eingestellt: Ich wollte nicht mehr allen Versprechungen glauben und fadenscheinige Ausreden hinnehmen. Ich wollte nicht immer nur geben und mich selbst vernachlässigen. Ich wollte nicht im Mittelmaß ersticken und meine Pläne aufgeben, weil sie nicht in das Konzept eines anderen passten. Ich wollte nicht mehr nur funktionieren. In mir war die Sehnsucht nach einem erfüllten Leben erwacht, nach einem Queensize-Leben.

»Keiner kommt hier lebend raus. Also hört auf, euch wie ein Andenken zu behandeln. Esst leckeres Essen. Spaziert in der Sonne. Springt ins Meer. Sagt die Wahrheit und tragt euer Herz auf der Zunge. Seid albern. Seid freundlich. Seid komisch. Für nichts anderes ist Zeit.«

Sir Anthony Hopkins

Ich beschreibe hier im Zeitraffer meinen Weg, weil ich dir zeigen will, dass auch du nicht entweder »richtig« oder »falsch« auf die Welt gekommen bist. Sondern dass du dich in jedem Moment deines Lebens entscheiden kannst, etwas zu verändern. Dass du die Wahlmöglichkeit hast, etwas auszuhalten oder zu handeln. Ich werde dir dazu viel aus meiner eigenen Biografie erzählen, da geht es sehr oft ans Eingemachte. Ich werde in diesem Buch Dinge verraten, die ich noch nie jemandem erzählt habe. (Bin ich eigentlich wahnsinnig? Was denken Menschen, wenn ich über mein Scheitern und meine Schwächen schreibe?

Scheiß auf Rezensionen, hat mir meine Freundin Elke neulich geraten. Ich denke, du wirst mich verstehen.) Warum werde ich so oft von mir erzählen? Es wäre eine Grenzüberschreitung, detailliert aus den Gesprächen mit meinen Klientinnen und Seminarteilnehmerinnen zu berichten. Natürlich werde ich immer wieder Beispiele aus meinem Coachingalltag einbringen. Doch das Innere nach außen kehren, schonungslos ehrlich, werde ich nur anhand meiner eigenen Geschichten.

Ich glaube an die Macht von Geschichten. Wir lernen durch die Beispiele anderer. Sie machen uns Mut und zeigen neue Wege auf. Geschichten transportieren starke Gefühle, Erkenntnisse und Handlungsimpulse. Und diese brauchen wir, um unser Wunsch-Leben zu führen. Denn wir können nicht nur unsere eigene Welt verändern, sondern damit gleichzeitig Zeichen für andere setzen. Wir brauchen mehr Frauen, die ihre Meinung sagen und sich trauen, Entscheidungen zu treffen. Die Welt braucht dich, aufrecht und furchtlos, sichtbar und empathisch, an dem Platz, an dem du stehst oder den du anstrebst.

Die Welt braucht Frauen wie dich, die ihre Sichtweise auf die Erde und auf unsere Verantwortung für die nächsten Generationen einbringt. Frauen können so viel! Sie sind so kompetent! Und sind immer noch unterrepräsentiert in den Entscheiderpositionen, sei es in der Wirtschaft, in Verbänden oder der Politik. Wusstest du, dass Autos immer noch auf Männer zugeschnitten sind? Eine kleine, dickere Frau mit relativ kurzen Beinen wie ich merkt das jedes Mal, wenn sie in einen Leihwagen einsteigt. Meine Sitz- und Gurtposition ist lebensgefährlich, sagen Studien. Die Eigenschaften von Frauen werden weder in klinischen Tests noch in Assessmentcentern berücksichtigt. Wir brauchen mehr selbstbewusste Frauen, die den Mund aufmachen und etwas verändern.

Wir brauchen Frauen wie dich, die darüber nicht lamentieren oder sich enttäuscht zurückziehen, sondern ihre Krone richten und ihr selbstbestimmtes Leben führen, privat, im Beruf und in der Gesellschaft. Jede, die sich traut, ist ein Beispiel und Mutmacher für alle, die sich auch gern trauen würden. Niemand wird uns unser Queensize-Leben zu Füßen legen. Dafür braucht es das aktive Handeln, den Mut, auch mal anzuecken und »Hier!« zu rufen, wenn spannende Aufgaben vergeben werden. Und es lohnt sich!

»Während sich der Habenmensch auf das verlässt, was er hat, vertraut der Seinsmensch auf die Tatsache, dass er ist, dass er lebendig ist, und dass etwas Neues entsteht, wenn er nur den Mut hat loszulassen.«

Erich Fromm

Wir brauchen Frauen wie dich, die so sein wollen, wie sie sind. Die nicht einem künstlichen Image hinterherhecheln, sondern die sich mit sich selbst versöhnt haben. Denn wer sich selber mag, kann auch andere Menschen mögen. Einfach-Ich-Sein ist friedensstiftend.

In diesem Buch wird es um das Nein-, aber vor allem um das Jasagen gehen. Ich erhielt einmal das Angebot, einen Rednerverband mitzugründen, als einzige Frau neben elf Männern. Verbunden war die Anfrage mit dem Posten der Schriftführerin. Ich sagte nachhaltig Nein, sodass der Vorschlag kam, ich müsse auch nicht Schriftführerin werden. Ich sagte sofort Ja. Zwei Jahre später war ich

Präsidentin. Du wirst nicht Präsidentin, wenn du Schriftführerin bist! Diese Lektion habe ich im Leben gelernt. Wenn du jetzt einmal deine Baustellen, deine Anpassungen, deine unerfüllten Sehnsüchte, also deinen Lebens-Wegweiser anschaust – was vom Folgenden trifft auf dich zu?

→ Du willst nicht mehr nur funktionieren und mit leeren Versprechungen abgespeist werden?

→ Du willst nicht mehr brav sein oder um Liebe betteln?

→ Du willst nicht mehr respektlos behandelt oder ausgenutzt werden?

→ Kurz: Du willst dich nicht mehr verarschen lassen?

Hast du dich in einigen Aussagen wiedergefunden? Dann gehen wir gemeinsam ran an diese Herausforderung. Ziel dieses Buches ist, dass du:

→ respektvoll behandelt,

→ geachtet und ernst genommen,

→ geliebt und gut behandelt wirst,

→ dich auf Versprechen verlassen,

→ deine Stärken einbringen und

→ dein Leben selbst gestalten kannst – kurz –

→ die Königin deines Lebens sein wirst.

Nun fragst du dich vielleicht: Wie bekomme ich denn das großartige Leben, das zu mir passt? Wie kann ich aus vermeintlicher Schwäche in zupackende Stärke kommen? Wie entwickle ich aus Wut Energie? Aus Enttäuschung Antrieb? Wie kann ich mein vernachlässigtes Ich wieder zum Strahlen bringen?

Stell dir vor, es gäbe eine Fee, die dir mit dem Wink

ihres Zauberstabs ein erfülltes Leben schenkt. Das wäre toll, oder? Die schlechte Nachricht ist: Solch eine Märchengestalt gibt es in Wirklichkeit leider nicht. Mein Lieblingsspruch lautet deshalb:»Gibt's keine Fee, brauchst du selbst 'ne Idee.«

Also formuliere die Frage doch besser aktiv: Was kann ich selbst tun, um das großartige Leben zu führen, das zu mir passt? Ich schätze, du gehörst zu den Frauen, die viel leisten, viel geben und immer wieder zu wenig bekommen. Ich nenne sie die Fraktion»Weiblich, wütend, energiegeladen«.

Sei versichert: Du kannst das ändern. Denn neben den Dellen und Kratzern, die du vielleicht im Leben abbekommen hast, gibt es ein starkes inneres Ich, ein Ich der Selbstliebe und der Lebensfreude. Und das will entdeckt, gestärkt und gelebt werden. Wie schrieb der französische Schriftsteller Albert Camus:»Mitten im Winter habe ich erfahren, dass es in mir einen unbesiegbaren Sommer gibt.«

Viele Beispiele, wie Frauen dieses starke Ich gefunden und sich zum Strahlen gebracht haben, findest du in diesem Buch. Dazu Strategien, Herangehensweisen, Lösungen und Tipps. Alle praxistauglich und bewährt. Die wissenschaftliche Grundlage dazu ist die Positive Psychologie. Einer der bekanntesten Psychologen dieser Richtung, Professor Robert Biswas-Diener, beschreibt sie so:»Positive Psychologie ist die wissenschaftliche Forschung darüber, wie Menschen in ihrem Bestzustand sind oder sein können.«

Viele Frauen kamen mit Sätzen zu mir, die dir vielleicht bekannt vorkommen:»Ich habe die Schnauze voll!« oder »Das kann doch noch nicht alles gewesen sein!« – »Jetzt reicht's!« oder »Jetzt bin ich mal dran!«

Und sie haben es geschafft, negative Gefühle wie Traurigkeit, Enttäuschung oder Frustration in pure lebensverändernde Energie umzusetzen. Sie sind der Beweis für mich, dass Veränderung möglich ist. Ich möchte sie als Zeichen gegen Verzagtheit und Skepsis setzen, die du vielleicht noch in dir trägst. Jede Frau kann ihr Leben verändern. Denn Veränderung ist der Antrieb des menschlichen Lebens.

Die Philosophin Hannah Arendt schreibt in ihrem Buch ›Die Freiheit, frei zu sein‹: »Die geheimnisvolle menschliche Gabe, die Fähigkeit, etwas Neues anzufangen, hat offenkundig etwas damit zu tun, dass jeder von uns durch die Geburt als Neuankömmling in die Welt trat. Mit anderen Worten: Wir können etwas beginnen, weil wir Anfänge und damit Anfänger sind.«

Also erschaffen wir uns neu. Fangen wir an, Dinge anders zu sehen, anders zu bewerten oder anders zu machen. Das gilt für vermeintlich unbedeutende Situationen, jedenfalls in den Augen von anderen, und für die großen Lebensthemen. Die Themen von Frauen, die mit mir gearbeitet haben – egal ob mit 35 oder 65, kommen aus allen Lebensbereichen. Hier nur eine kleine Auswahl:

→ Ein selbstbestimmtes Leben führen
→ Konflikte mit Eltern, Partner/innen, Kindern lösen
→ Den Traumjob finden
→ Neue Perspektiven entdecken
→ Leichtigkeit gewinnen
→ Sichtbar werden
→ Selbstvertrauen stärken
→ Grenzen setzen
→ Die eigenen Lebensregeln entwerfen

Dieses Lern-Mach-Lösungsbuch soll dir bei deinen Veränderungswünschen als Impuls und Anregung dienen. Es soll dich auf Ideen bringen, ermutigen, bestärken und dir beim Durchhalten helfen. Es soll dich auch schmunzeln lassen und deinen Gedanken die Schwere nehmen. Egal, ob du kleine Schritte machen möchtest oder den großen Durchbruch planst oder ob du merkst, dass du glücklicher bist, als du geglaubt hast und gar keine großen Veränderungen brauchst – ich bin sicher, du wirst funkelnde Anregungen finden. Und jetzt geht's los! Auf ins Queensize-Leben!

Die Entscheidung für ein Queensize-Leben

Den Begriff Queensize kennst du wahrscheinlich eher aus Hotelportalen oder Bettenprospekten. Denn er beschreibt normalerweise eine Bettgröße: Ein Queensize-Bett ist breiter als ein Normalbett, meistens 1,60 Meter mal 2 Meter. Es verspricht Luxus und Komfort. Entstanden ist der Begriff im 17. Jahrhundert, das auch »das Jahrhundert der prunkvollen Betten« genannt wird, also der prunkvollen Betten von Königen und Königinnen, um exakt zu sein.

Als ich mit 49, nach jahrelangem Zögern, endlich aus meiner ersten Ehe ausgezogen bin, habe ich mir für meine neue Wohnung sehr bewusst so ein Queensize-Bett gekauft. Meine Überlegung war: Wenn ich darin allein schlafe, fühle ich mich nicht so verloren wie in einem großen Bett (»Kingsize«). Es gibt mir gleichzeitig genügend Raum und das nötige Maß an Geborgenheit. Es ist kein Doppelbett, aber auch keine schmale Single-Pritsche. Um ehrlich zu sein, hatte ich auch einen Hintergedanken: Wenn vielleicht, eventuell tatsächlich womöglich irgendwann mal wieder zufällig irgendjemand den Weg in mein Bett finden würde, wäre es breit genug für zwei. (Und so war's.)

Was hat das jetzt alles mit dem Queensize-Leben zu tun? Damit bezeichne ich ein besseres Leben als ein »Normalleben«, gerne in Verbindung mit Luxus und Komfort. Als Königin deines Lebens bestimmst du selbst, was Luxus und Komfort für dich bedeuten:

→ Genügend Zeit für dich zu haben
→ Keine finanziellen Ängste zu verspüren
→ Dir eine eigene Meinung zu leisten
→ Tun, was Spaß macht
→ Unterstützung und Hilfe von anderen
   zu bekommen
→ Ehrlichkeit leben
→ Unabhängig sein ...

Wie sieht dein Queensize-Leben aus?

Ich hoffe, das Wort Queensize-Leben löst positive Assoziationen in deinem Kopf aus – sehnsüchtige, verwirrende, flirrende, aufregende, köstliche ... Vielleicht merkst du ja auch, hey, genau so ein Leben führe ich. Ich bin privilegiert, unabhängig, selbstständig, auf Rosen gebettet. Prima. Vielleicht spürst du aber auch ein ganz leichtes Mangelgefühl. Hm, da wäre noch mehr drin! Vielleicht magst du diese Gedanken festhalten. Dazu gibt es verschiedene kreative Möglichkeiten.

Brief aus der Zukunft

Der Weg für dich, wenn du gerne schreibst: Du verfasst einen fiktiven Brief an deine beste Freundin, deinen besten Freund, in dem du dein Leben in Komfort und Luxus ganz konkret schilderst: Wie du morgens aufwachst. Worauf du dich freust. Wie deine Umgebung aussieht. Wie dein Tagesablauf ist. Arbeitest du? Wenn ja, als was? Wie arbeitest du? Mit wem? Für wen? Wo wohnst du? Mit wem zusammen? Was macht dir Freude? Was bringt dir Zufriedenheit? Mit welchem Gefühl gehst du abends schlafen? Was sind deine Herausforderungen? Was deine Heldentaten? Wer tut dir gut? Von wem hast du dich verabschiedet? Schreib alles auf, was dir einfällt, es gibt kein richtig oder falsch, nichts ist zu groß, nichts zu klein, nichts zu schwierig, nichts zu einfach, nichts zum Schämen.

Dein buntes Zukunftsbild

Magst du Gedanken lieber visualisieren, kannst du dein Queensize-Leben auch mit dicken farbigen Stiften auf eine große Pappe malen (Vergiss die Krone nicht, hihi). Oder du gestaltest es in Form einer Collage (heutzutage auch als Vision-Board bekannt). Sicher hast du irgendwo alte Zeitschriften herumliegen oder weißt, von wem du welche bekommen kannst. Und dann: Bilder ausreißen, Überschriften oder Wörter ausschnippeln, alles auf eine Pappe anordnen. Und wenn dir das Ergebnis gefällt: festkleben. Ich liebe diese Arbeit, mache sie manchmal mit Gruppen. Und es ist faszinierend, in welch meditative Stimmung alle dabei kommen, ruhig, konzentriert, berührt, bewegt. Das Schneiden, Legen, Kleben befriedigt deine haptischen Sinne und steigert ganz unbewusst die

Kreativität. Anschließend kannst du dann staunend das Ergebnis feiern.

Ansprache der Königin

Bist du eher der auditive Typ, ist es mit Hilfe deines Smartphones ein Leichtes, entweder eine Rede oder sogar ein kleines Video aufzunehmen. Du stellst oder setzt dich in Königinnen-Positur und beschreibst, wie dein Queen-size-Leben in Luxus und Komfort aussieht. Lass deine Gedanken schweifen, deine Träume aufblitzen. Fantasiere, spinne, habe Spaß dabei. Denke an Persönliches, Privates und Berufliches. Rede einfach, hör dir nicht zu, korrigiere dich nicht, relativiere nicht, lass es krachen. Sei wild und unersättlich! Schau dir dann dein Filmchen an. Schick deine innere Kritikerin (»Gott wie schaue ich aus!«, »Diese Stimme!«, »Ich muss dringend zum Friseur!«) zum Teufel. Und konzentriere dich auf die Inhalte. Jetzt hör dir ganz genau zu. Was spürst du, was erlebst du? Da dürfen auch Tränchen rollen.

Wie immer du den Zugang zu deinem Leben in Luxus und Komfort findest, es ist völlig normal, wenn du neben einer fröhlichen Aufregung auch traurig wirst, weil die Diskrepanz zu groß scheint zu deinem jetzigen Leben. Oder dass du wütend wirst, weil du spürst, was dir fehlt, wo du dich verbiegst oder einschränkst.

Das alles ist besser, als gefühllos oder gedämpft im Martina-Musterfrau-Leben zu verharren! Davon bin ich fest überzeugt. Ein berühmtes Buch der Siebzigerjahre von Maxi Wander hieß ›Leben wäre eine prima Alternative‹. Ich liebe das Buch und den Titel. Lass mich dir von dem Beispiel einer Frau erzählen, die sehr abrupt aus ihrem »Normalleben« katapultiert wurde und eine Alternative fand.

Hannas Erwachen

Nennen wir sie Hanna. Hanna ist 48 und hat die letzten 23 Jahre für ihre Familie gelebt. Ihr Mann, nennen wir ihn Klaus, ist Prokurist in einer gut gehenden Firma. Hanna ist von Beruf Physiotherapeutin, nach der Geburt des ersten Kindes hat sie ihren Beruf aufgegeben. Sie hat drei Kinder großgezogen und sich um das große Haus und den Garten gekümmert, dann auch um ihre Eltern und um seine Eltern. Sie hat Klaus den Rücken freigehalten und war zufrieden mit ihrem Leben. Als die Kinder größer wurden, hat sie mehrere Weiterbildungen gemacht und war dabei, eine kleine Massagepraxis im Souterrain des Hauses aufzubauen.

Eines Abends sitzt das Paar gemütlich bei einem Glas Wein auf dem Sofa, als Klaus ihr plötzlich beichtet, dass er eine Affäre mit einer Mitarbeiterin habe. Er brauche das, aber zwischen ihnen müsse sich ja nichts ändern, da er sie nach wie vor liebe.

Hanna fällt aus allen Wolken. Sie bekommt erst einen Weinkrampf, dann einen Wutanfall: Sie springt auf. »Scher dich zum Teufel«, schreit sie ihn an. »Mir reicht's, hau ab!« Und dann der Schock: Klaus steht wortlos auf und fängt an, seine Koffer zu packen. Ein kurzes Telefongespräch, und eine halbe Stunde später zieht er aus. Er nimmt sie beim Wort. Er ist weg. Und wohnt ab sofort bei seiner Freundin.

Vier Wochen später kommt Hanna im Zustand von

Fassungslosigkeit und Verwirrung zu mir ins Coaching. »Der ist wirklich einfach gegangen!« Sie wirkt wie ein Küken, das aus dem Nest gefallen ist, zittrig, frierend, heimatlos. Da ist nichts mehr von rasender Wut, sondern vor allem Enttäuschung, aber auch Reue, Selbstzweifel und eine kleine bibbernde Hoffnung, dass vielleicht alles wieder gut werden könnte.

Ich unterdrücke den Impuls, sie in den Arm zu nehmen, und frage möglichst sachlich: »Sie haben ihn rausgeschmissen. Er hat getan, was Sie von ihm gefordert haben. Warum hat Sie das überrascht?«

»Aber ich dachte doch nicht, dass er wirklich geht. Das war doch im Affekt.«

»Und jetzt?«

»Er wohnt tatsächlich bei seiner Freundin, die lebt zehn Minuten von uns entfernt. Er kommt mich und die Kinder ein-, zweimal in der Woche besuchen. Wir essen zusammen, es ist meist ganz gemütlich. Und immer häufiger nimmt er mich in den Arm und sagt mir, wie sehr er mich noch liebt.«

Ich sehe, wie sich ihr ganzer Körper zusammenzieht. »Und?«

»Ich kann seine Berührungen fast nicht ertragen. Doch zwischendurch denke ich immer wieder, warum mache ich alles kaputt?«

»Sie machen alles kaputt?«

Sie lacht nervös. »Na ja, wenn ich mich überwinden könnte, dann könnte ja vielleicht alles wie früher werden.«

Ich sehe sie an und warte einfach.

Sie sieht meinen Blick und sagt kleinlaut: »Sie glauben das nicht, oder?«

»Ich glaube gar nichts und alles. Ich kenne weder Ihre Ehe noch Ihren Mann. Sagen Sie's mir, sehen Sie eine Chance, dass alles wieder gut wird?«

Sie zögert keine Minute und schüttelt heftig den Kopf: »Nein, die sehe ich nicht. Inzwischen weiß ich, dass er mich schon früher betrogen hat. Aber in mir kommen immer wieder Gedanken hoch, ob das nicht ungerecht ihm gegenüber ist, ob ich seine Entschuldigung nicht annehmen müsste.«

Und da haben wir es wieder. Eine Frau wird belogen und betrogen – und hadert, ob sie vielleicht ungerecht ist. Vielleicht denkst du gerade: Auch Männer werden belogen und betrogen. Stimmt. Auch sie leiden und hadern. Sie kommen deswegen zwar nicht zu mir ins Coaching, doch bei vielen Berufsthemen schwingen solche Themen durchaus mit. Dieses Buch schreibe ich aus Sicht der Frauen. Aber ich vergesse leidende Männer nicht. Versprochen.

Zurück zu Hanna. Sie ist verletzt, ihr Stolz ist gekränkt, doch ihr Verstand arbeitet noch. Im Verlauf des nächsten Coachings erzählt sie mir, dass sie schon öfter das Gefühl hatte, dass ihr Mann fremdgeht, sie ihn aber nie darauf angesprochen hat. Warum? »Ich glaube, ich habe mich nicht getraut. Ich hatte doch eigentlich ein schönes Leben, das schöne Haus, unsere Kinder, einen großen Freundeskreis. Wir haben tolle Reisen gemacht. Heute weiß ich, dass es auf Lügen aufgebaut war. Aber ich hatte wohl Angst, dass mir dieses Leben um die Ohren fliegt, wenn ich zu genau hinschaue.«

Jetzt nach dem Eklat bekommt sie aus dem Freundeskreis erstaunte Reaktionen: Warum sie so überreagiere?

Ihr Mann habe sie betrogen, na ja, aber das hätten doch alle gewusst, das müsse sie doch mitbekommen haben? Manche Freundinnen erzählen ihr von ihren Erfahrungen mit Untreue, wie sie sich rächen, erwähnen teure Geschenke und ihrerseits Affären mit Tennislehrern und Nachbarn. »Und die nennen sich Freundinnen!«, schnaubt Hanna wütend.

Ich frage sie, was sie sich in der Zwischenzeit überlegt habe. Plötzlich sagt sie wild entschlossen: »Ja, also dann werde ich mal meinen Rechtsanwalt von der Kette lassen.«

Wie bitte? Das hätte ich jetzt nicht erwartet. »Es wird mir immer klarer, Klaus hätte das gerne weiter so, zu Hause die liebe Familie und im Bett alle Freiheiten. Es geht ihm prima. In seiner Firma wissen alle Bescheid und haben offensichtlich nichts dagegen. Regelmäßig kommt er nach Hause, isst mit uns, scherzt mit den Kindern, küsst mich zum Abschied. Und fährt wieder zu der anderen. Ich werde nächste Woche meinen Anwalt beauftragen, die Scheidung vorzubereiten.« Oops, das war ein schneller Sinneswandel. Woher kommt der?

»In meinem tiefsten Inneren weiß ich, dass es aus ist. Ich liebe ihn nicht mehr. Ich bin fertig mit ihm. Aber meine Eltern reden mir ein, ich muss ihm noch eine Chance geben. Meine Schwester warnt mich, nicht alles hinzuwerfen. Und es ist ja auch wegen der Kinder ...«

»Was wollen Sie in Ihrem tiefsten Herzen?«

»Ich möchte, dass er bleibt, wo der Pfeffer wächst. Sie kann ihn haben, die andere.« Und dann traue ich meinen Ohren kaum. Da sagt die kleine, zierliche, blonde Frau vor mir, mit Perlenohrringen und Blüschen, adrett und gut erzogen: »Ich scheiße auf sein Geld.« Sie zählt gleich

28

selbst auf, was diese Entscheidung für sie bedeutet: »Ich will meine Unabhängigkeit. Ich will mein eigenes Geld verdienen. Ich will Schwung in meinem Leben. Ich will zeigen, was ich kann. Ich werde meine Massagepraxis eröffnen. Aber sicher nicht in unserem Keller. Die Jungs sind groß, die studieren. Und die können jederzeit ihren Papa besuchen, den sie lieben. Ich werde mit meiner Tochter in einen Kurort ziehen. Da habe ich meine Weiterbildungen gemacht und habe gute Kontakte. Wir werden uns eine kleine Wohnung nehmen, drei Zimmer reichen. Und ich habe einige Sachen, die ich verkaufen kann. Ich möchte frei sein.«

Ich verstehe. Sie wählt ein Queensize-Leben, sie erlaubt sich, zu wachsen, sich auszuprobieren, sich wiederzufinden. Das starke Ich in ihr hat die Oberhand gewonnen. Dem Küken sind Flügel gewachsen und jetzt stärkt es seine »Flugmuskeln«: Begrenzungen sprengen, Mut beweisen, Energie zum Abheben schaffen, Ballast abwerfen und mehr Lebensfreude gewinnen. Sie schreibt auf ihre To-do-Liste: Vorbilder finden, die schon fliegen und mir zeigen, wie es geht. Mich mit starken Menschen umgeben. Wieder mehr Lachen und mehr Leichtigkeit. Hanna schafft es sogar, im Lauf des Coachings ihrem Mann gegenüber ein Gefühl zu entwickeln, das sie »großmütig« nennt.

Übrigens: Auch wenn sich Hanna anders entschieden hätte, also bei Klaus zu bleiben, ihm zu vergeben, ihm vielleicht sogar sexuelle Freiheiten zu erlauben, wäre das okay gewesen. Wenn es ihre bewusste Entscheidung wäre, wenn sie sich nicht nur aus Angst anpassen würde, wäre sie trotzdem die Königin ihres Lebens.

Bei all unseren Lebensentscheidungen geht es nicht

um richtig oder falsch, moderat oder heftig, konventionell oder queer, ein Queensize-Leben verlangt nur, dass wir bereit sind, unsere eigenen Entscheidungen zu treffen, danach zu handeln und zu den Konsequenzen zu stehen. Warum fällt uns das nur immer wieder so verdammt schwer?

»Es wird immer gleich ein wenig anders, wenn man es ausspricht.«

Hermann Hesse

Wir stehen in unserem Leben ständig unter Druck, alles richtig zu machen. Doch wer weiß, was richtig ist? Um das herauszufinden, braucht es ein starkes »Ich«. Eins, das Widerstand leisten kann gegen die Erwartungen unserer Liebsten: »Aber was wird dann aus mir?« Von Eltern und Schwiegereltern: »Liebes, hast du dir das auch gut überlegt?« Von unseren Kindern: »Mama, das geht doch nicht!« Von Freunden und Freundinnen: »Also, das hätte ich nicht von dir erwartet!«

Ja, von der ganzen Gesellschaft, die glaubt, genau zu wissen, wie Frauen zu sein oder überhaupt nicht zu sein haben.

→ Wir sollen auch als Mütter Vollzeit arbeiten. Nein, heißt es plötzlich wieder, wir müssen natürlich zu Hause bleiben.

→ Wir sollen Karriere machen. Also nein, für Frauen ist das viel zu hart.

→ Wir sollen uns pflegen und verschönern. Nein, nein, Eitelkeit ist so furchtbar. Life is more than a lipstick.

→ Wir sollen selbstbewusste Kinder erziehen. Nein, bloß nicht, das werden alles Tyrannen. Tigermütter, Helikoptereltern schwirrt durch die Luft.

→ Wir sollen ehrgeizig sein. Nein, ganz falsch, wir sollen uns in Liebe aufopfern.

→ Wir sollen gute Konsumenten sein und einkaufen. Nein, wir müssen Ballast abwerfen. Ist doch prima für die Wirtschaft. Erst kaufen, dann wegschmeißen.

Wir sollen Yoga machen, meditieren und Marathon laufen. Gesund kochen und nichts verschwenden, tolerant und großzügig sein. Uns vegan ernähren. Und die Alten achten. Aber immer ganz bei uns sein. Bäh! Ich kann es nicht mehr hören!

Wenn du Lust hast, schau dir doch auf Vimeo oder YouTube (noch) mal diesen Film an: ›Be a Lady They Said‹ mit Cynthia Nixon. Dann weißt du, was ich meine.

Seit 40 Jahren beschäftige ich mich mit dem Thema Selbstbewusstsein, vor allem von Frauen. Natürlich schöpfe ich auch aus meiner eigenen Erfahrung: mit wenig Selbstbewusstsein, hohem Schuldgefühl und der Überzeugung, den Ansprüchen meiner Eltern nie genügen zu können, mit schwachem Ich in die Welt entlassen worden zu sein. Ich werde dir im Verlauf dieses Buches zeigen, wie ich mich herausgearbeitet habe aus dem Schlamassel.

Bei den meisten meiner Klientinnen habe ich ganz ähnliche Beobachtungen gemacht. Übrigens bei den jungen Frauen genauso wie bei Frauen, die auf die 60 zugehen, also von den Babyboomern bis zu den Generationen X, Y, Z.

Wie bildet sich überhaupt ein starkes Ich? Die amerikanische Lernforscherin Carol Dweck behauptet: »Das Selbstbild, das du von dir hast, entscheidet weitgehend über deinen Lebenserfolg.« Aber wie kommen wir von einem Aschenputtel-Ichlein zu einem Queensize-Ich? Das erfahren Sie im nächsten Kapitel.

Queensize-Tipps

1. Definiere dein Queensize-Leben in Luxus und Komfort.
2. Visualisiere dein zukünftiges großartiges Leben.
3. Entwickle deine Flugmuskeln und schwinge dich in die Lüfte.

Tausch die Krone, Königin

Glaubst du an sinnvolle Zufälle? Ich schon. Heute früh sitze ich am Schreibtisch und konzipiere dieses Kapitel. Das mache ich immer handschriftlich. Nach meiner Erfahrung kommen die kreativen Ideen eher, wenn ich sie einfach hinkritzeln kann. Dann schalte ich den Computer an. Da ich neugierig bin, schaue ich kurz in die Mails. Eine trägt die Betreffzeile »Dietrich – song release – showact – frauentrio« mit einem fröhlichen Gruß »Vielleicht interessiert es dich ja« von Sarah Kaspar, einer Münchner Sängerin, die ich vor Zeiten mal auf einer Veranstaltung kennengelernt habe. Hm, denke ich, und öffne, für jeden Grund dankbar, das Schreiben zu verschieben, den angehängten YouTube-Film. Zu hören ist ein witziger Song über Traummänner »Einer, der mir schmeckt«. Und welche Zeilen trällern Sarah und ihre beiden Kolleginnen im Refrain: »Ich muss doch nicht Prinzessin sein. Doch Königin, das wär' schon fein.«

Ich denke, ich höre nicht richtig, spule zurück und spiele die Stelle erneut ab. Jawohl, es geht um Prinzessin und Königin. Also, ich glaube ja nicht so an das Überirdische. Aber manchmal fügt sich etwas schon sehr überraschend zusammen. Synchronizität der Ereignisse nannte C. G. Jung das Phänomen, dass ein inneres Ereignis wie eine Idee, ein Gedanke oder eine Vision und ein äußeres Ereignis wie eine Begegnung zeitgleich zusammentreffen. Und damit sind wir mitten im Thema. (Nein, nicht beim Überirdischen.)

Ich mache als Coach keinen Unterschied zwischen Life Coaching und Business Coaching, da so gut wie immer das ganze Leben zum Thema wird. Eins ist mir in den letzten 25 Jahren dabei aufgefallen: In geschätzt jedem fünften Coaching mit Frauen kommt ein gewichtiges Thema zur Sprache: das schwierige Verhältnis zur Mutter. Viele fühlen sich von der Mutter abhängig, obwohl sie längst erwachsen und aus dem Haus sind.

Entweder erdrückt ihre Mutter sie mit Fürsorge und dem Anspruch, dass die Tochter sich ständig melden beziehungsweise vorbeikommen soll. Diese Töchter werden materiell verwöhnt, fühlen sich aber emotional unter Druck gesetzt. Kennst du den Song »Death by chocolate«? Dazu fällt mir ein »Death by pampering«.

Die andere Gruppe der Frauen fühlt sich »nur« unter Druck gesetzt und hat stets den Eindruck, den Erwartungen ihrer Mutter nicht zu genügen. Die Mutter erscheint übermächtig, ist oft abweisend und hält sie in ständiger Angst und Unsicherheit. Die Tochter kann sich dem Einfluss nicht entziehen. Das Thema schlechtes Gewissen nimmt einen großen Raum ein.

Nehmen wir als Beispiel für die erste Variante Marie. Sie ist 34, lebt mit einem 16 Jahre älteren wohlhabenden Mann zusammen, der ihr ein schönes Leben bietet. Sie wohnen in einer Villa am Fuße des Schwarzwalds. Marie versucht sich als selbstständige Marketingberaterin, allerdings ohne großen Erfolg. Sie wünscht sich Kinder, ihr Freund hat schon zwei aus erster Ehe, die reichen ihm. Sie hat es bisher akzeptiert.

Warum ist Marie nicht glücklich in ihrem Traumschloss? Sie möchte finanziell und emotional unabhängig sein und mit mehr Respekt behandelt werden, wie sie sagt. Und sie braucht ein Warum in ihrem Leben. Daran mangelt es ihr wohl besonders.

Ich male auf einen Papierbogen rechts eine kleine, süße Prinzessin, hübsches Kleidchen, hübsche Schühchen, hübsches Krönchen. Und ich bitte Marie, ihre Assoziationen zu dem Prinzesschen festzuhalten. Sie schreibt: »Abhängigkeit – Verwöhnung – Luxus – sich was leisten können – großes Budget – Ansprüche erfüllen müssen – Regeln anderer folgen.«

Dann sagt sie ganz ruhig: »Das bin ich.«

Auf den linken Teil des Blattes male ich jetzt eine Königin, doppelt so groß, mit einem schönen Kleid, schönen Schuhen, einer majestätischen Goldkette und einer prachtvollen Krone. Marie soll wieder ihre Assoziationen notieren. Und sie schreibt: »Unabhängigkeit – Reife – Macht – Souveränität – Sie legt die Regeln fest.« Sinnend schaut sie sich das Werk an und sagt: »Ja, da möchte ich hin.«

Ich setze zwischen die beiden Figuren das Wort »Transformation«. Und darum geht es jetzt. Wir überlegen gemeinsam, wie sie aus der knicksenden Prinzessinnenrolle in die souveräne Königinnenposition gelangen kann. Und kommen im Gespräch sehr schnell auf Maries Mutter, mit der sie sich schon seit der Jugend in einer Konkurrenzsituation sieht.

»Meine Mutter ist eine sehr starke Frau, man könnte

sagen, die Grande Dame. Neben ihr fühle ich mich bis heute klein und blass. Dabei haben wir immer sehr viel miteinander unternommen, meine Eltern haben mich während meiner Studentenzeit zu fantastischen Kreuzfahrten eingeladen. Meine Mutter wurde wirklich wie die Königin auf diesem Schiff behandelt. Ich war höchstens die Zofe, so fühlte ich mich jedenfalls. Meine Eltern haben mir das Studium voll bezahlt, ich musste nie nebenher Geld verdienen. Auf Empfehlung meiner Mutter bekam ich nach meinem Abschluss an der Berufsakademie eine Assistentinnenstelle in dem Unternehmen, in dem ich dann auch meinen Partner kennengelernt habe. Martin ist der Inhaber. Als aus unserer Affäre was Ernsteres wurde, hat er mir angeboten, meine Arbeit aufzugeben und mir selbstständig etwas aufzubauen. Meine Mutter hat mich sehr bestärkt, diese Chance zu nutzen. Sie meint, ich hätte das große Los gezogen mit Martin.«

Was jetzt so schlimm daran sei, frage ich.

Marie sagt: »Das ging alles viel zu schnell. Und jetzt hocke ich seit sechs Jahren in der tollen Villa und langweile mich zu Tode. Martin arbeitet sehr viel und ist ständig auf Reisen. Wenn er da ist, haben wir viele gesellschaftliche Verpflichtungen, da spiele ich die Gattin, obwohl wir immer noch nicht verheiratet sind. Wenn er gestresst ist, wird er oft aufbrausend. Wenn ich mich beschwere, kann er sehr hässlich werden und nennt mich undankbar. Meine Mutter sagt das übrigens auch. Und sie sagt, dass ich sie nicht enttäuschen soll.«

»Also sind Sie die Prinzessin auf der Erbse aus dem gleichnamigen Märchen?« Wir lachen beide.

An alle wohlmeinenden Mütter
Vielleicht bist du selber Mutter einer Tochter und
eventuell fühlst du dich angegriffen:»Ich meine es
doch nur gut mit meiner Tochter. Warum sitze ich
hier plötzlich auf dem Anklagestuhl?« A) Sitzt du
dort nicht. B) Merkst du vielleicht, dass auch Maries
Mutter dort nicht saß. C) Ein bisschen Selbstreflexion schadet nie. Rede doch mit deiner Tochter mal
über das Thema. D) Bei Gedanken und Gefühlen gibt
es keine Beweispflicht. Und es wird niemand abgeurteilt. Es geht immer darum, ins selbstbestimmte
Handeln zu kommen.

Ein Grund, weshalb viele Prinzessinnen sich nicht aus
dem Bann der Königinmutter befreien können, ist, weil
sie sie nicht angreifen und verletzen wollen. Eine Alternative sehen sie nicht. Ich habe dafür eine Metapher entwickelt, die ich nun Marie erläutere:»Sie müssen die alte
Königin nicht angreifen, Sie müssen keinen Königinnen-
mord begehen. Lassen Sie die Königinmutter weiter in
ihrem Reich herrschen. Und bauen Sie sich, von einer
klaren Grenze abgeteilt, Ihr eigenes Königinnenreich. Sie
sind doch kein kleines Mädchen mehr. Wie fühlt sich das
an?«
    An einem Aufblitzen der Augen, an der Straffung des
Rückens und einem winzigen Aufrichten des Kopfes sehe
ich, wenn eine Lösungsidee gegriffen hat. Marie sitzt
innerhalb von Sekunden da wie eine Königin, sie hat in
Gedanken bereits die Krone getauscht.

Maries Unabhängigkeitserklärung

»Wir brauchen als Erstes eine Unabhängigkeitserklärung«, schlage ich vor und zeichne eine Urkunde mit vielen Paragraphenzeichen. »Was soll in Ihrer Unabhängigkeitserklärung stehen?« Marie setzt sich noch ein Stückchen aufrechter und antwortet energisch:

§ 1: Ich bin finanziell unabhängig.

§ 2: Ich werde mit Respekt behandelt.

§ 3: Ich bin mutig und sage, was ich will.

§ 4: Ich werde mit positiven, fröhlichen Menschen zusammen sein.

§ 5: Ich habe eine reife, erwachsene Beziehung mit einem Mann, der auch Kinder mit mir möchte.

§ 6: Ich halte Abstand zu meinen Eltern.

§ 7: Ich treffe meine Entscheidungen selbst.

§ 8: Ich bin nicht käuflich.

Wow, starke Einsichten. Sie sind die Grundlagen für ihre »Exitstrategie«, wie Marie ihren Weg nennt. Sie will Martin und sich eine zwölfmonatige Chance geben, ob sie sich in der Beziehung wiederfindet. Ansonsten ist sie bereit zu gehen.

Damit sie ihr Ziel klar vor Augen hat, male ich jetzt für Marie noch ein Königinnenreich (das sieht immer ähnlich aus wie die Umrisse von Frankreich). Sie schreibt jetzt in diese Karte, welche »Orte« es in ihrem Königinnenreich geben soll: Wahrhaftigkeit – Respekt – Freude – Freiheit – Innigkeit – Harmonie – Kreativität – Kinder – Lösungen – Sinnhaftigkeit – Austausch – Augenhöhe – Vertrauen. Dann nimmt sie spontan einen pinkfarbenen Stift und malt Straßen über die Grenze nach draußen: »Es gibt viele Kontakte nach außen, zu anderen fröhlichen Menschen.« Obendrüber schreibt sie »Maries Königinnenreich – Sonnenbeschienen«. Ein kleiner Tipp: Wenn du über deine Werte, deine Träume, deine Ziele und den Weg dorthin nachdenkst, empfehle ich dir, alles zu visualisieren. Eine Landkarte der Wünsche hat einen anderen Erinnerungswert als eine Exelliste. Sie speichert sich als Bild in unserem Gehirn ab und ist jederzeit abrufbereit. Und außerdem macht es Spaß, in Bildern zu denken.

Freche Frauen funkeln heller

Zurück zu den Prinzessinnen: »Verwöhnte« Töchter tun sich trotz eines exzellenten Schul-, Ausbildungs- oder Studienabschlusses manchmal schwer, sich in Unternehmen durchzusetzen. Bisher konnten sie auf ihre guten Noten vertrauen. Aber im Business kommt es auch auf den Charakter und das Temperament an, wenn du dich etablieren willst. Manchmal musst du kämpfen, um deine Ideen durchzusetzen. Manchmal musst du Angriffe oder gar Anfeindungen aushalten. Du musst mit Konkurrenz rechnen und diese »ausschalten«. Manchmal brauchst du wie im Fußball Technik, Tricks und »technische Fouls«, um deine Ziele zu erreichen. Prinzessinnen sind dann manchmal im Hintertreffen gegen die Lümmel aus der letzten Bank, die härtere Bandagen gewöhnt sind.

Glücklicherweise gibt es kämpferische Frauen, die sich eine Prinzessin zum Vorbild nehmen kann. Weltberühmt geworden ist 2019 die Kapitänin der US-Fußballerinnen, Megan Rapinoe. Vielleicht erinnerst du dich: Kurze lilafarbene Haare und frech wie Rotz dem amerikanischen Präsidenten Trump gegenüber, hat sie nach dem Gewinn der Weltmeisterschaft lautstark die gleiche Bezahlung von Profifußballerinnen wie die ihrer männlichen Kollegen gefordert.

Oder nimm Jane Fonda (82), Carolin Kebekus (40), Greta Thunberg (17), Heike Makatsch (49), Jane Goodall (86), Carola Rackete (32), Emma Watson (30), Cynthia Nixon (54), Nina Hagen (65), Malala Yousafzai (23), Steffi Graf (51), Meryl Streep (71), Hadnet Tesfai (42), Michelle Obama (57), Maren Kroymann (71), die Liste ist unendlich lang – sie alle sind der Beweis: Freche Frauen funkeln heller!

Schluss mit dem schlechten Gewissen

Schade, wenn dieses Funkeln, das jedes Mädchen ursprünglich in sich trägt, in der Kindheit verlischt. Denn es gibt nicht nur verwöhnte Töchter, sondern auch gepeinigte. Manche Frauen können nur sarkastisch auflachen, wenn andere erzählen, dass sie zu sehr verhätschelt und verwöhnt worden sind. Sie sind auf eine ganz andere Weise mit ihren Müttern verstrickt.

Wie Dagmar, Anfang 50, aus Dortmund, fünftes von sechs Kindern. Ihre Kindheit war das Gegenteil von Zuckerschlecken. Ihrer Mutter ging es oft schlecht, sie war unglücklich in ihrer Ehe, nach Streitereien mit dem gewalttätigen Vater versteckte sie sich stundenlang in einem Kellerraum. Dagmar, damals sieben, acht Jahre alt, hatte fürchterliche Angst um ihre Mutter und saß die ganze Nacht vor der Kellertür, um sie zu schützen. In der Schule schlief das Kind dann ein und wurde von der Lehrerin vor der Klasse beschämt und lächerlich gemacht.

Weil ihre Mutter immer wieder drohte, sich umzubringen, zum Beispiel mit dem Auto gegen einen Baum zu fahren, begleitete Dagmar noch als Teenager oft ihre Mutter, wenn die mit dem Auto unterwegs war, um jemanden zu besuchen oder etwas zu besorgen.

Sie führt ihr »misslungenes Leben«, wie sie es formuliert, auf diese Erfahrungen zurück. Dagmar hat in vielen Therapien, in Familienaufstellungen und zahllosen Persönlichkeits-Seminaren daran gearbeitet, ihr Selbstbewusstsein zu entwickeln. Aber immer noch, 40 Jahre später, fühlt sie sich für ihre Mutter verantwortlich, obwohl sie 150 Kilometer entfernt wohnt und die Geschwister viel näher dran sind.

Als wir nach einem Vortrag zusammenstehen, schildert sie mir ihre Situation: Sie habe ihr Leben vergeudet, räume als 450-Euro-Kraft in einem Supermarkt Regale ein und bliebe damit weit unter ihren Möglichkeiten. Sie wünscht sich Tipps von mir, was sie tun kann. Ich kann ihr natürlich nicht eben schnell mal einen Ratschlag geben. Aber ich möchte ihr einen Hoffnungsfunken schenken.

Mir fällt das Königinnenbeispiel ein. Ich erzähle ihr vom Unterschied zur Prinzessin, erzähle von der Idee, sich ein eigenes Königinnenreich aufzubauen, eigene Regeln aufzustellen, Souveränität zu erlangen, das schlechte Gewissen abzustellen und sich abzugrenzen. Also endlich erwachsen zu werden. Mehr kann ich im Augenblick nicht für sie tun.

Monate später bekomme ich einen Brief von Dagmar. Sie erzählt darin, dass sich das Verhältnis zu ihrer Mutter positiv geändert hat. Wenn sie möchte, fährt sie sie besuchen, sonst nicht. Mit ihren Geschwistern hat sie gesprochen, dass sie nicht mehr ständig zur Verfügung steht.

Und sie berichtet, dass sie demnächst eine feste Stelle im Supermarkt bekommt. Der Funke hat offenbar gezündet.

Und jetzt komm ich

Übrigens ist das Thema Selbstwirksamkeit nicht nur eines von Töchtern, sondern auch von Müttern. Jutta, eine meiner ältesten Klientinnen, ist 67. Sie hatte den Wunsch, nachdem ihr Mann in den Ruhestand gegangen war, noch einmal das Leben mit ihm zu genießen. Das gestaltet sich allerdings nicht so einfach. Sie erzählt: »Ich habe fast 40 Jahre meiner Familie gedient. Nach der Geburt des ersten Kindes habe ich meinen Beruf als Steuerfachangestellte bereitwillig aufgegeben. Ich war da, um meinem Mann den Rücken freizuhalten, habe drei Kinder aufgezogen, mich um Haus und Hof gekümmert. Alles prima. Aber jetzt fühle ich mich von der ganzen Familie ausgenutzt. Mein Mann macht zu Hause gar nichts und lässt sich von mir bedienen. Meine Wünsche, zu reisen, ins Konzert oder Theater zu gehen, ignoriert er. ›Wir haben doch den schönen Garten‹, sagt er. Den ich pflege!

Und die Kinder bringen mir mit einer absoluten Selbstverständlichkeit die Enkelkinder zum Hüten. Das würde ich ja manchmal gern machen. Aber sie fragen mich nicht einmal, sondern rufen einfach am Vorabend an – ›ach übrigens, ich bringe morgen früh die Kinder vorbei, wir fliegen nach London‹. Ich finde, das ist eine Unverschämtheit!«

Hat sie ihrem Mann und ihren Kindern das schon mal gesagt? Nein, sie hat sich noch nicht getraut und erhofft sich Rückenstärkung und Strategien. Mir fällt sofort die Unabhängigkeitserklärung ein. (Dir auch? Prima!)

An alle wundervollen Töchter
Vielleicht bist du selber Tochter einer Mutter und eventuell fühlst du dich angegriffen:»Ich meine es doch nur gut mit meiner Mutter, sie liebt die Enkelkinder. Warum sitze ich hier plötzlich auf dem Anklagestuhl?« A) Sitzt du dort nicht. B) Merkst du vielleicht, dass auch Juttas Tochter dort nicht saß. C) Ein bisschen Selbstreflexion schadet nie. Rede doch mit deiner Mutter mal über das Thema. D) Bei Gedanken und Gefühlen gibt's keine Beweispflicht. Und es wird niemand abgeurteilt. Es geht immer darum, ins selbstbestimmte Handeln zu kommen.

Ich erkläre Jutta die Idee mit der Unabhängigkeitserklärung und bitte sie, zu formulieren, welche Regeln sie für die nächsten Jahre aufstellen will. Die ersten Sätze kommen noch schüchtern:

§ 1 Ich möchte aus der Rolle der Kümmerin für alle raus.

§ 2 Ich möchte, dass mein Mann mich beachtet.

Offensichtlich gefällt Jutta die Übung, denn ihre Stimme wird klarer und lauter, ihre Körperhaltung energischer und ihre Aussagen bekommen Queensize-Qualität:

§ 3 Die Kinder haben mich zu fragen, ob ich Zeit habe, auf die Enkelkinder aufzupassen.

§ 4 Ich erwarte Respekt, auch von meinem Mann.

§ 5 Ich möchte regelmäßig ins Theater und in Konzerte gehen, auch ohne ihn, wenn es sein muss.

§ 6 Ich werde mich öfter mit Freunden treffen, die meine Interessen teilen.

§ 7 Ich werde Reisen machen.

§ 8 Wenn mein Mann nicht mitkommen will, suche ich mir eine nette Gruppe. Er hat das Recht, zu Hause zu bleiben.

§ 9 Ich werde mein Leben genießen, gedient habe ich lang genug.

§ 10 Ich will mehr Spaß im Leben.

Jutta strahlt, schnappt sich ihre Unabhängigkeitserklärung und rauscht ab. Ich sehe die Diamanten in der Königinnenkrone regelrecht blitzen. Na, viel Spaß, liebe Familie.

Du siehst, auch mit Ende 60 ist es nicht zu spät, die »Queen of fucking everything« zu werden. Früher ist natürlich besser. Deshalb:

Schreib doch gleich einmal deine eigene Unabhängigkeitserklärung auf. Ein Tipp: Achte darauf, dass du nicht höfliche Bitten formulierst, sondern wirklich ernst gemeinte Queensize-Regeln aufstellst. Und überlege, ob du sie an der Kühlschranktür befestigen willst (oder in deiner Familien-WhatsApp-Gruppe veröffentlichst). Dann kannst du sie jeden Tag sehen, und sie können dir in Fleisch und Blut übergehen. Und es schadet gar nichts, wenn deine Liebsten merken, dass es dir ernst ist.

Queensize-Impulse

1. Werde von der Prinzessin zur Königin.
2. Bestimme selbst über die Regeln in deinem Leben.
3. Schreib deine Unabhängigkeitserklärung.

Queen-Sein braucht ein starkes Ich

Klappt's noch nicht mit dem luxuriösen Königinnen-Gefühl? Dann lohnt es sich vielleicht, noch einen Blick in die Vergangenheit zu werfen. Normalerweise rate ich, die Aufmerksamkeit stringent nach vorne zu richten: Ab heute kannst du dich entschließen, die alte Hülle abzustreifen und in deine neue Rolle zu schlüpfen. Doch manchmal halten uns die Geister der Vergangenheit gefangen. Und denen geht es jetzt an den Kragen. Wir reden von Erziehung.

Vielleicht glaubst du ja, dass für ein Queensize-Leben eine »prunkvolle« Erziehung Voraussetzung ist: eine von wunderbaren Eltern, die ihre Tochter achten, lieben und fördern. Die ihr Halt und Freiheit geben, sie nie beschämen oder bestrafen. Na, schaden tät's nicht, wie die Bayern sagen. Doch nicht jede von uns hatte diese traumhaften Voraussetzungen. Nimm mal mich:

Als Baby bekam ich streng nach Zeitplan (tagsüber alle vier Stunden) die Flasche. Dazwischen ließ man mich brüllen:»Das stärkt die Lunge.« Das war Anfang der Fünfzigerjahre.

Meine Mutter hat mir erzählt, dass ich als zweijähriges Mädchen einmal in der Nacht angstvoll erwachte und weinend ins Elternschlafzimmer tappte. Aus »pädagogischen Gründen« hat mich mein Vater im Dunkeln ganz alleine den langen, kalten Flur zurück in mein Kinderzimmer geschickt, damit ich mir das abgewöhnte. Meine Mutter hat es zugelassen.

Als Sechsjährige musste ich im feuchten, kalten Keller zwischen Kohlen und Kartoffeln meine Strafe absitzen, wenn ich »böse« gewesen war.

Als Teenager schrieb ich unendlich melancholische Gedichte wie »Kleine blaue Blumen liegen auf dem Weg, achtlos weggeworfen, zertreten und allein«.

Ich habe heute noch manchmal das Gefühl, der einsamste Mensch auf der Welt zu sein. Das heißt nicht, dass ich permanent unglücklich bin. Ich bin fröhlich, ich bin lustig, ich bin zufrieden, ich habe Erfolg. Doch ganz tief in mir drin wohnt diese einsame Seele. Dazu gesellen sich manchmal Überforderung, schlechtes Gewissen und Selbstzweifel. Eine blöde Mischung. Und trotzdem lebe ich ein erfülltes Leben. Denn neben den alten Wunden gibt es starke Kräfte in mir, die wollen, dass es mir gut geht. Ich nenne sie Liebe, Zuversicht, Humor und Tatkraft. Ein kreatives Quartett, das mich durch mein Leben führt und mir Wege zeigt. Denn ich habe entdeckt, dass kein »Bravsein« ein ganzes Leben lang gültig sein muss. Dass wir uns nicht fügen müssen, dass wir einfach forsch und frech gegen blöde Erziehungsformeln verstoßen dürfen.

Du kannst dich heute entscheiden, nicht mehr schüchtern zu sein und den Mund aufzumachen. Du kannst dich heute entscheiden, ab sofort in deiner Familie Dinge anzusprechen, die dich stören. Du darfst ab heute sagen, was du willst und was du nie mehr willst. Du darfst mahnenden Stimmen wie »Das tut man nicht«, »Das darf man nicht« einfach ins Gesicht lachen. Ällerbätsch, schaut mal, ich mach's trotzdem!

Am besten probierst du es aus, wenn der innere Drang stark genug ist und das Risiko minimal: Meinetwegen in der Schlange vor der Supermarktkasse, wenn sich jemand unverschämt vordrängeln will. Sprich einfach aus, was du denkst. Gib deinem Gefühl eine Stimme. Oder bei einer Diskussion im Freundeskreis. Mach den Mund auf und sag, welcher Gedanke gerade durch deinen Kopf schießt. Schau, ob etwas »Schlimmes« passiert. Wahrscheinlich nicht. Es ist normal, dass Menschen sagen, was sie denken. Es gibt nämlich überhaupt keine Bravsein-Überwachungs-Polizei, die dich dann festnimmt. Hey, du bist eine erwachsene Frau und kannst sagen, was du willst. Alles andere ist nur in deinem Kopf!

Vor langer Zeit stand ich mal vor einem grandiosen Buffet, lauter Köstlichkeiten, ich konnte mich kaum entscheiden, was ich zuerst nehmen sollte: Vitello tonnato, Schnitzelchen, Kartoffelsalat ... Plötzlich taucht neben mir eine sehr schlanke Dame mit leerem Teller und verkniffenem Gesicht auf und ätzt: »Alles Hüftgold.« Und ich sage zu ihr:»Halten Sie doch einfach die Klappe und vermiesen Sie uns Genießern nicht den Appetit. Da hinten steht der grüne Salat, den können Sie gerne haben.« Ich weiß, das war nicht nett, aber sie war still.

Es kann sein, dass einige Menschen in deinem Leben dir sagen, dass du »früher netter gewesen bist«. Na und?!

Ich bin fest überzeugt: Wir müssen manchmal andere Menschen enttäuschen, um nicht selbst ein enttäuschtes Leben zu führen. Ich will dich nicht verführen, zur Ego-Sau zu werden, aber ein bisschen Ego-Frau wäre schon gut. Was hat der deutsche Philosoph Ludwig Feuerbach im 19. Jahrhundert geschrieben: »Deine erste Pflicht ist, dich selbst glücklich zu machen. Bist du glücklich, so machst du auch andere glücklich. Der Glückliche kann nur Glückliche um sich sehen.«

Vielleicht sind bei dir Teile deines »starken Ichs« (das du mit Sicherheit in dir hast) unter Schichten von Kränkungen, Enttäuschungen, Vernachlässigung oder Verwöhnung verborgen. Vielleicht hat es dich trotzdem bisher ganz gut durchs Leben getragen, hat dir die Kraft gegeben, Herausforderungen zu bewältigen und ungute Situationen zu überstehen. Um wie viel heller könnte es strahlen, wenn die Schichten darüber verschwänden; wenn die Frau zum Vorschein käme, die du sein magst und die das großartige Leben führt, das zu ihr passt: das Queensize-Leben.

Wie wir werden, wie wir sind

Als Kind stand ich unter enormem Leistungsdruck. Denn Liebe war nur durch Leistung zu erlangen. Im Beisein meines Vaters war ich nie entspannt. Es drohte immer Gefahr, ihn zu verärgern und seine Wut zu wecken. Anderen Männern gegenüber verhielt ich mich als heranreifende Frau wie ein hilfloser Welpe, der einfach nur geliebt werden wollte. Um im Bild zu bleiben: Wer mich auch nur ein bisschen nett hinterm Ohr kraulte, mit dem ging ich mit. Wenn der Mann dann mehr wollte als ein bisschen schmusen, fiel ich in Schockstarre. Dadurch geriet ich in einige gefährliche Situationen. Aber Nein sagen hatte ich ja nicht gelernt.

Kein Wunder, dass ich mit 19 sehr eingeschüchtert war, als ich zur Ausbildung nach München kam. Ich fühlte mich verloren als Dorfkind in der Großstadt. Ich verliebte mich sofort in den ersten Mann, der mich in der Disko ansprach, mich beim Tanzen küsste und sich wieder mit mir verabredete. Auch als ich merkte, dass ich wohl nicht seine einzige Eroberung war, ließ ich ihn nicht mehr los. Ich folgte ihm wie ein Welpe(!), ließ mich nicht abschütteln, und setzte mich schließlich gegen die schönen, großen, schlanken Münchner Modelmädchen durch. Endlich interessierte sich jemand für mich und fühlte sich verantwortlich. In den letzten 20 Jahren habe ich Hunderte ähnliche Geschichten von anderen Frauen gehört. Auch sie hatten ein so geringes weibliches Selbstbewusstsein, dass sie glaubten, sich keinen Mann aussuchen zu können, sondern nehmen zu müssen, was kam.

Der kleine, hilflose Welpe namens Sabine wurde also adoptiert. Natürlich passte ich mich diesem ersten Freund total an. Ich ging nicht, wie geplant, nach der Journalistenausbildung nach Berlin zu einer renommierten Tageszeitung, sondern blieb bei ihm in München und nahm einen Job als Reporterin bei einer Boulevardzeitung an. Ich wollte, was er wollte. Und vor allem wollte ich nie mehr allein sein.

Er war politisch sehr engagiert. Das beeindruckte mich. Ich saß stundenlang neben ihm, wenn er mit seinen Freunden diskutierte. Ich lief neben ihm auf Demonstrationen und rief »Ho, Ho, Ho Chi Minh!«, weil er es rief. Ich

fuhr ihn mit meinem klapprigen VW Käfer jedes Wochenende zu seinen politischen »Meetings« und wartete brav,
bis er fertig war. Ich wartete auch nächtelang zu Hause
auf ihn, heulend und bangend, ob er wiederkommen
würde. Wieder lebte ich das Leben von jemand anderem
mit. Versteh mich nicht falsch, ich mache ihm keinen
Vorwurf. Ich habe mich ihm angepasst, weil ich nicht
gelernt hatte, mein eigenes Leben zu leben. Wie heißt der
alte deutsche Schlager: »Schenk mir doch ein kleines
bisschen Liebe ...« Ganz nebenbei: Nicht alles ist schlecht
in einem angelehnten Leben. Ich bekam Liebe, ich bekam
Anerkennung als tüchtige Frau, ich bekam Raum, mich zu
entwickeln, aber natürlich nicht ohne Bedingungen.

Drei Monate nach meiner Rückkehr aus Eritrea kündigte ich meinen Job, mit einem Tusch. Kurz gesagt: Ich
hinterließ verbrannte Erde. Erst viel später lernte ich,
dass auch Abschiede in Würde zelebriert werden sollten.
Ein Jahr lang war ich arbeitslos und durchlebte finanziell
sehr harte Zeiten. In dieser Zeit bekam ich meine Tochter.
Nach einem Jahr erhielt ich von einer politischen Stif-
tung in München die Chance, mittels einer ABM-Stelle in
Festanstellung in einem Jahr ein Buch zu schreiben –
über den Arbeiterwiderstand in der Nazizeit. Ich nenne
dieses Jahr mein Mut-Jahr. Denn erstmals begriff ich, was
Mut wirklich bedeutet und wie wichtig Zivilcourage ist.
Und dass dem Chef die Meinung zu sagen im Vergleich
dazu kein Wagnis ist.

Ich fand danach nicht gleich wieder eine Stelle als Journalistin, konnte aber durch Empfehlung als Sekretärin im
Münchner Rathaus meine kleine Familie ernähren. In der
Zeit kam mein Sohn. Auch durch mein Muttersein wurde
ich erwachsen. Ich musste mich meinen alten Ängsten

und meiner alten Wut stellen. Ich musste Verantwortung übernehmen und kam Schritt für Schritt aus meiner Opferrolle heraus. Ich lernte, die Konsequenzen meines Handelns auszuhalten.

Und so gestaltete ich über die nächsten 20 Jahre, verbunden mit vielen Rückschlägen, ein Leben, das in meinen Augen diesen Namen verdiente. In der Sprache der Achtzigerjahre: Ich emanzipierte mich. Hier nur im Zeitraffer: Mit 30 wurde ich Redakteurin bei einer Eltern-Zeitschrift. Dort engagierte ich mich im Betriebsrat und war einige Jahre Betriebsratsvorsitzende. Ich lernte, Auseinandersetzungen aus- und gegenzuhalten. Nicht gut für meine Karriere, aber für mein Selbstbild. Als ich nur noch Gegenwind bekam, kündigte ich und wechselte zu einer Frauenzeitschrift. Toller Titel, viel Geld, absolutes Desaster. Ein Jahr quälte ich mich durch. Dann bekam ich die Chance, für eine andere Frauenzeitschrift das Karriere-Ressort aufzubauen. Neun Jahre Entwicklung, Selbstvertrauen, Bestätigung und Erfolg. Ich emanzipierte mich auch in meiner Ehe, mein Mann akzeptierte das mit großem Stolz und profitierte von meinem neuen freien Leben. Ich war viel unterwegs, lernte spannende Menschen kennen, entwickelte meine Haltung.

Mit 38 schrieb ich mein erstes eigenes Buch ›Balancing – Beruf und Privatleben im Gleichgewicht‹. Meine eigene Balance war nämlich total gekippt. Ich arbeitete Vollzeit, war ehrenamtlich in zahlreichen Vereinen aktiv und hatte zwei Kinder. Ich musste erfahren, dass auch meine Energie nicht unendlich war. Ich überlegte, was mir am wichtigsten war, das waren mein Beruf und meine Familie. Deshalb legte ich alle Ehrenämter nieder und beendete meine anlaufende politische Karriere, denn eigentlich wollte ich Deutschlands erste Bundeskanzlerin werden. Es war eine gute Entscheidung.

Viele weitere Bücher folgten. Ich bekam nebenberuflich die ersten Aufträge für Vorträge und Seminare. Mit Mitte 40 fühlte ich mich stark genug und machte ich mich als Trainerin und Coach selbstständig. Mit 49 trennte ich mich von meinem Mann und zog zum ersten Mal in meinem Leben in eine eigene Wohnung. Ich lernte, dass alleine sein besser ist, als zu zweit einsam zu sein. Ich genoss mein spätes Teenager-Glück, besuchte Bars und Partys, lernte wunderbare Freunde kennen und machte unglaublich spannende Reisen.

»Glück ist ein Apfelbäumchen. Mit jedem Menschen, der auf die Welt kommt, wird Glück in die Welt gepflanzt; sein eigenes Glück und das Glück anderer Menschen, die sich daran erfreuen und davon ernten können.«

Siegfried Brockert

Jedes weitere Lebensjahr vergoldete mein Leben: Die Angst sank, der Mut stieg, die Seele wurde leichter. Mein Ich fand ein Zuhause in mir. Ich traute mich, Dinge auszuprobieren, und wagte Neues. Schließlich sogar eine neue Liebe. Ich lebte mit dem witzigsten, geistreichsten, intelligentesten Mann zusammen, der mein geistiger Lehrer wurde. Er brachte mir als Diplompsychologe die Grundlagen der Positiven Psychologie bei, er ergänzte meine praktische Intelligenz im Coaching mit den wissenschaftlichen Grundlagen. Wir bauten gemeinsam die Asgodom Coach Akademie auf. Er war mein weißer Ritter, der alles für mich tat. Er war meine Muse, mit dem ich meine Buchideen besprach. Ich war energiegeladen, produktiv und erfolgreich.

Mit 60 dachte ich das erste Mal:»Und wenn's jetzt vorbei wäre, wäre es okay. Ich habe so gelebt, wie ich wollte. Und ich muss nichts bereuen.« (Keine Sorge, ich wünsche mir noch viele erfüllte Jahre.)

Dann kam der Schock: Ich verlor meinen Mann an die furchtbarste Nebenbuhlerin, die man sich vorstellen kann – an Demenz. Nach fünf Jahren des geistigen Abbaus und der ständigen Sorge um ihn musste ich ihn in ein Heim geben – meinen klugen, witzigen, wunderbaren Mann. Und wieder hieß es, loslassen, mich neu erfinden, ein neues »Warum« für mein Leben entdecken. Das Schwierigste: Die neue Freiheit nicht als Strafe, sondern als Chance zu erkennen. Doch dazu später mehr.

Hast du den Spruch schon einmal gehört:»Lebe jeden Tag so, als wenn er dein letzter wäre«? Diesen Ansatz finde ich etwas schwierig: Wenn dies mein letzter Tag wäre, ganz ehrlich, dann würde ich sofort den Computer ausstellen, Buch Buch sein lassen und den Tag mit meinen Kindern und Enkelkindern verbringen. Ich habe deshalb den Spruch etwas umgestellt und finde ihn so wesentlich praktikabler:»Lebe so, dass jeder Tag dein letzter sein *könnte*.« Ja! Passt! Denn ich tue, was ich liebe.

Dazu gehört, immer wieder auch noch unentdeckte »Baustellen« zu bearbeiten, immer wieder Seiten an mir zu entdecken, die für die Selbstbestimmung hinderlich sind. Ich habe gelernt, dass auch in meiner wunderbaren Ehe das Ich ziemlich anpassungsfähig war, dass wir symbiotisch uns selbst genug waren, dass ich viele Freundschaften dafür geopfert habe. Und ich erkannte, dass ich manche intuitiven Ansätze meiner Arbeit vernachlässigt habe, weil er sie unwissenschaftlich fand. Wie heißt ein weiser Spruch: »Du wirst alt wie eine Kuh und lernst immer noch dazu.«

Sammle deine Tränen

Es kann sehr hilfreich sein, herauszufinden, warum wir so geworden sind, wie wir sind. Eine Übung, die Licht in deine Kindheitserinnerungen bringen kann, kannst du sofort ausprobieren:

Schreib doch mal auf, woran du dich aus deiner Kindheit und Jugend negativ erinnerst – ich nenne das die Tränen-Sammlung. Hier ein paar Fragen, die deine Gedanken anregen sollen: Was haben deine Eltern nicht gut hinbekommen? Was hast du vermisst? Womit haben dich deine Geschwister geärgert, gequält oder beschämt? Welche schlechten Erfahrungen hast du in der Schule gemacht, mit Lehrer/innen, mit Schüler/innen? Wovor hattest du Angst? In welchen Situationen warst du einsam? Wer hat dich enttäuscht? Was hat dein Selbstbewusstsein gedämpft? Schreib es aus dir heraus – und dann schüttle dich. Ja, so war es vielleicht. Doch das ist nur eine Seite von dir.

Leg die Sammlung zur Seite, denn wir wenden uns jetzt den guten Kräften zu. Stelle jetzt deine Mut-Liste zusammen:

→ Wann fühlst du dich stark?
→ Welche kleineren oder größeren Erfolge hast du in deinem Leben erzielt?
→ Wann hast du frech gegen elterliche Gebote verstoßen?
→ In welchen Situationen hast du Oberwasser?

→ Wann rebelliert das Kind in dir und zeigt
  die Zunge?
→ In welchen Situationen fühlst du dich dir selbst
  und/oder anderen Menschen am nächsten?

Mein Ort, an dem ich mich immer mit der Welt und mit der Menschheit ganz und gar verbunden fühle, ist als Rednerin auf einer Bühne. In einer Situation also, in der sich andere mutterseelenallein fühlen, zittrige Knie und schweißnasse Hände bekommen, fühle ich mich wunderbar geborgen. Das war am Anfang noch nicht so. Aber heute kenne ich kein Lampenfieber und keine Redeangst mehr. Ich liebe das Gefühl, in Resonanz mit den Menschen zu sein. Und ich spüre, wie meine Liebe sie erreicht. Und wie ihre Liebe mich aus meinem Kokon befreit. Und warum: Weil eine Kraft in mir genau das will.

Woher kommen die guten Kräfte? Auch sie wurden natürlich in der Kindheit angelegt. Ich saß ja nicht jeden Tag im Keller, wurde nicht jeden Tag beschämt. Mein Mann hat mich anders erlebt und hat mir gesagt: »Glaub nicht alles, was du über dich denkst.« Hä? Dieser Satz hat mich verwirrt. Dann hat er mich gezielt nach den positiven Erinnerungen an meine Kindheit gefragt. Und beim Erzählen ist mir aufgefallen: Ich hatte auch eine freie, wunderschöne Dorf-Kindheit. Im Mittelpunkt stand spielen! Nach der Schule traf ich mich draußen mit den Nachbarskindern: Büchsen wegtreten mitten auf der Straßenkreuzung, alle halbe Stunde kam mal ein Trecker vorbei. Stundenlang konnten wir Verstecken und Fangen spielen. Im Garten hatten meine drei großen Brüder und ich einen Kinderbereich mit Schaukel, Sandkasten und Kletterbäumen. Mittendrin stand ein riesiger Kirschbaum.

Ich sehe mich auf einer hohen Astgabel sitzen und die reifen, süßen Kirschen naschen, köstlich.

Wir waren die ganzen Sommerferien barfuß unterwegs, stromerten durch den Dorfbach und schnitten uns dabei manchmal die Füße an Blechdosen auf. Wir rannten über Stoppelfelder und heiße Straßen, auf denen der Asphalt Blasen warf. Wir haben in einer Sandkuhle außerhalb des Dorfes gespielt, was streng verboten war. Und beim Bauern nebenan im Heu, was fast noch strenger verboten war. Wir erlebten Abenteuer und kamen abends dreckig, aber glücklich nach Hause.

Höhepunkte des Jahres waren Familientreffen bei meiner Großmutter, bei denen wir Kinder auch nur unterwegs waren: Wir spielten Vater, Mutter, Kind am Feldrain, über dem die Lerchen sangen. Wir versteckten uns im Getreidefeld, bis der Bauer uns wütend verjagte. Wir kamen nicht zurück, bis zum Essen gerufen wurde. Am Abend verkleideten meine Cousinen und ich uns und zeigten kleine Aufführungen vor der ganzen Familie. Wir haben so viel gelacht!

Ein Grinsen macht sich gerade bei mir breit. Ja. Ich hatte weitgehend eine herrliche Kindheit. Meine Eltern brachten mir wahnsinnig viel bei, wir hörten Sonntagvormittags klassische Musik, es wurde viel getanzt in der Familie. Mit meinem komödiantischen Talent konnte ich alle zum Lachen bringen. Wir hatten eine große Bibliothek mit Hunderten von Büchern, die ich nach und nach heimlich gelesen habe. Ich schrieb gerne Geschichten und las sie stolz meinen Eltern vor. Mein Vater schenkte mir seine alte Reiseschreibmaschine und ermunterte mich dabei, mein erstes kleines Gedicht, das ich mit 13 schrieb, an die ›Schaumburger Zeitung‹ zu schicken, die es veröffentlichte. Ich erinnere nur noch eine Zeile »Doch freut euch Leute, groß und klein, es muss doch einmal Frühling sein.« Und darunter stand: *Sabine Kynast, 13, aus Rehren.*

Die Freudefunkel-Sammlung

Jetzt schreib du einmal auf, welche schönen Erinnerungen du an deine Kindheit hast – ich nenne dies die Freudefunkel-Sammlung.

Hier ein paar Fragen, die deine Erinnerungen anregen sollen: Was hat dir Freude gemacht? An welche glücklichen Momente erinnerst du dich in der Familie, mit Freunden, in der Schule, in der Freizeit? Gab es Urlaube, in denen du unbeschwert und fröhlich warst? In welchen Situationen warst du verwegen und mutig? Was ist dir gelungen? Mit welchen Menschen warst du gern zusammen? Wer stand zu dir, hat dir geholfen? Was hat dir Kraft oder Zuversicht gegeben?

Wann immer sich bei dieser Liste ein trauriger Gedanke dazwischenschiebt, schreib ihn auf die Negativliste. Und hake ihn erst mal ab. Erinnere dich: Glaub nicht alles, was du denkst. Und dann mach dich wieder an die Freudefunkel-Sammlung. Lass dir Zeit, lege sie zwischendurch zur Seite. Du hast dein Gehirn programmiert, die schönen Seiten deiner Kindheit herauszukramen, es wird es tun. Immer wieder mal werden kleine Lichtblitze aufleuchten, halte sie fest.

Vielleicht hast du ein Fotoalbum von früher oder hast Zugang zu einem. Blättere die Seiten in Ruhe durch, entdecke bewusst schöne Momente. Ich habe beispielsweise einmal in einem Album ein Foto von mir und meinem Vater entdeckt. Ich war wohl fünf Jahre alt und wir waren mit der Familie wandern. Mein Vater liegt bei einer Rast auf der Wiese, ich knie neben ihm und kämme sein Haar. Er blickt in die Kamera. Er hat so ein entspanntes wunderbares Lächeln dabei, auch so konnte er sein. Das hatte ich tatsächlich vergessen.

Nimm die Tränen-Sammlung ernst, vielleicht erschließt sich daraus, warum du heute so oder so in bestimmten Situationen reagierst. Befeuere deine Mut-Liste, sie zeigt nämlich, dass du kein kleines, hilfloses Opfer bist. Sondern dass du es auch faustdick hinter den Ohren hast. Und erfreu dich an der Freudefunkel-Liste. Auch sie hat dich zu der gemacht, die du heute bist – mit ganz viel Selbstliebe.

In vielen Gesprächen mit Frauen habe ich immer wieder herausgehört, dass Kindheitsglück auch Leistungsglück war. Wir durften alles, worauf unsere Eltern stolz sein konnten. Solange wir die Kinder waren, die unsere Eltern haben wollten, war alles gut. Doch wehe, wir enttäuschten sie, dann flogen wir blitzartig aus der Kurve der elterlichen Liebe heraus.

Kennst du das Märchen von »Hans im Glück«, der am Ende seiner Lehrzeit einen Goldklumpen bekommt und zu seiner Mutter zurückkehren will? Auf dem Weg tauscht er den Klumpen Gold in ein Pferd, das in eine Kuh, die in ein Schwein, das in eine Gans, die in einen Wetzstein – bis er am Schluss gar nichts mehr hat und fröhlich zu Hause ankommt. Ich habe dieses Märchen als Kind gehasst. Ich fand es verlogen. Denn ich war überzeugt: Die Mutter wird sich nicht freuen, wenn er mit leeren Händen nach Hause kommt. So funktioniert Liebe nicht. Ich habe lange gebraucht, um zu glauben, dass mich jemand um meiner selbst willen liebt.

Übrigens: Erst die Pubertät killte mein Selbstbewusstsein auf Jahre. Ich war schon mit 13 weiblich sehr entwickelt. Meine Mutter machte mich modisch zu ihrem kleinen Ebenbild, mit 13 bekam ich meine erste Dauerwelle. Sie kaufte mir die gleichen Hosenanzüge wie für sich selbst, nur in einer anderen Farbe. Im Sommer hatten wir beide Dirndl an. Sie kaufte mir Erwachsenen-Kleider. Und eine hässliche Brille. Ich trug die Pumps meiner verstorbenen Oma. Und sah älter aus als später mit 30.

Auf der nach oben offenen Beliebtheitsskala bei den Jungs in meiner Klasse stand ich kurz über der unangekündigten Physik-Ex. Ganz oben rangierten wunderschöne, blonde, langhaarige Elfen, die hatten Cliquen, die gingen in die Disko, die wohnten in der Kreisstadt, während ich als Fahrschülerin jeden Mittag nach der Schule 13 Kilometer brav in mein Dorf zurückfuhr, das nur 342 Einwohner, aber drei Alte-Männer-Kneipen hatte. Und sonst nix. Ein Schulfreund, der mich einmal zu Hause besuchte, wurde von meinen Eltern und Brüdern lächerlich gemacht und kam nie wieder.

Meine Aufklärung bestand aus zwei Mahnungen: »Vertrau keinem Mann, die wollen alle nur das eine!« (Mutter) und »Wehe, du kommst mit einem Neger nach Hause!« (Vater). Damals gab es in unserer Gegend überhaupt keine Schwarzen. Vielleicht war meinem Vater aufgefallen, dass ich besonders für Schauspieler und Sänger schwärmte wie Sidney Portier, Harry Belafonte und Little Richard.

Nach und nach wurde ich immer tiefer in das Leben meiner Eltern eingewoben und sehr schnell erwachsen gemacht. Mein Verstand wurde geschätzt und gefördert. Dafür bin ich ausgesprochen dankbar. Mit meinen Gefühlen wurde ich allerdings allein gelassen. Ich vergrub mich jeden Nachmittag nach der Schule in meinem rot-grün-karierten Jugendzimmer, trank einen Liter Cola, aß große Tüten Chips, las schwülstige Romane und schrieb tieftraurige Gedichte. Ich weiß noch, dass ich einmal an einer alten Klebstofftube schnüffelte, die ich in meiner Schreibtischschublade fand, weil ich gelesen hatte, dass das high macht. Tat es Gott sei Dank nicht.

Diese tiefe Melancholie hielt an, bis mich eine Mitschülerin in ihre Jugendgruppe mitnahm, in der evangelischen Gemeinde, das war für meine Eltern okay. Wenn ich mich heute daran erinnere, muss ich sagen, diese Gruppe hat mir vielleicht sogar das Leben gerettet. Da sagte mir doch tatsächlich jemand: »Jesus liebt dich, egal, wie du bist.« Puh. Was für eine frohe Botschaft für jemanden, der glaubt, dass niemand ihn liebt. Stundenlang saßen wir zusammen in der Teestube in Bückeburg (ja, wirklich bei Tee aus rotbraunen kugeligen Tonkannen und im Schein von Teelichtern), führten tiefsinnige Gespräche, und ich lernte die Bergpredigt lieben (die mag ich übrigens bis heute).

Ganz offensichtlich entwickelte ich in den darauffolgenden Monaten ein neues Selbstbewusstsein. Aus dem superbraven Mädchen wurde eine Mini-Queen, die machen wollte, was ihr guttat. Das gefiel meinem Vater allerdings gar nicht. Eines Abends, als mich ein Freund zur wöchentlichen Teestube abholen wollte, stürmte mein Vater in mein Zimmer und brüllte: »Du gehst da nicht mehr hin. Ich verbiete dir das! Wenn du heute Abend mitfährst, brauchst du nie mehr wiederzukommen, dann bist du nicht mehr meine Tochter!« Türe schlagend stürmte er wieder hinaus.

Und ich fing an zu packen. Ich würde es riskieren, denn

alles wäre besser, als zu bleiben. Ich war gerade mit Packen fertig, als meine Eltern sich dazu entschieden, das Verbot aufzuheben. Es war das erste Mal, dass ich mich gegen die Autorität erhoben hatte. Und ich gewann.

Gibt es in deiner Erinnerung solche kleinen oder großen Siege? Was hast du durchgesetzt gegen Papa oder Mama? Wann bist du heimlich ausgebüchst und hast »schlimme Dinge« getan? Warst du vielleicht gar nicht so ausgeliefert, sondern hast kleine Fluchten gefunden, die dir Spaß gemacht haben? Ich habe in vielen Gesprächen mit Frauen beobachten können, wie spitzbübisch sie plötzlich gegrinst haben, wenn ihnen solche Freiheitstaten einfielen und sie davon erzählten. Vielleicht waren wir gar nicht das kleine Dummchen, dessen Bild uns seit Jahren begleitet?

Diesem neuen Selbstbewusstsein im Mini-Queensize-Format verdankte ich jedenfalls, dass ich drei Monate nach dem Abitur, im September 1972, nach München umgezogen bin, um auf die Journalistenschule zu gehen. Queensize-Aspekt 1: Ich hatte den Mut, mich an der Schule zu bewerben. Obwohl die Berufsberaterin abwinkte, da hätte ich eh keine Chance, die hätten über 800 Bewerber jedes Jahr und nähmen höchstens 30. Allein das weckte meinen Ehrgeiz. Als ich tatsächlich die Aufnahmeprüfung bestand, machte ich meinen Eltern klar, dass ich nicht in Göttingen studieren würde, wo ich doch so schön jedes Wochenende nach Hause hätte kommen können. Ich packte also im September 1972 das Wichtigste in meinen orangefarbenen gebrauchten VW Käfer und fuhr allein nach München.

Mein Vater starb drei Monate später. (Wundert es dich, dass ich jahrelang dachte, ich sei schuld an seinem Tod?

Wenn ich nicht weggegangen wäre ... Es brauchte eine Menge Therapiestunden, bis ich dieses Gefühl loswurde.) Ansonsten empfand ich seinen Tod, ehrlich, als große Befreiung. Der Furcht einflößende Bestimmer der ganzen Familie war weg. Und somit auch die Angst vor seiner Kritik, seinen Vorschriften und seinen Beschimpfungen. Ich durfte mein eigenes Leben wagen. Mein erster Freund, den ich acht Wochen nach dem Tod meines Vaters kennenlernte und später heiratete, war übrigens Afrikaner.

Ich glaube ganz stark an Veränderung durch Erkenntnisgewinn. Das gilt für mich, für dich, für alle Menschen. Eine Klientin, nennen wir sie Tanja, hat einmal erzählt, dass ihre Mutter sie schon als kleines Kind durch tagelanges Schweigen bestraft hat. Sie hat einfach nicht mehr mit ihr geredet. Ich litt mit ihr, als sie mir das schilderte. Der Grund, warum sie zu mir gekommen war, war ihre unterschwellige ständige Angst vor Ablehnung, die sie als erfolgreiche Geschäftsfrau zwang, es allen recht machen zu wollen – ihrer Familie, ihren Mitarbeitern, ihrem Geschäftspartner, ihren Kunden. Sie war furchtbar erschöpft, weil sie sich permanent überforderte.

Nachdem sie den Zusammenhang zwischen dem strafenden Schweigen und der Angst vor Ablehnung für sich erkannt hatte, beschloss sie als Erstes, die quälenden wöchentlichen Telefongespräche mit ihrer Mutter zu verkürzen und sie künftig seltener anzurufen. Erleichtert atmete sie tief durch. Und zweitens machte sie sich daran, eine Liste anzulegen: Was will eigentlich Tanja? Sie rückte die Erwartungen der anderen und ihr Leistungsvermögen wieder ins richtige Verhältnis, ohne Angst vor Ablehnung oder Bestrafung. Und wieder atmete sie tief durch. Und lächelte.

Lerne, von dir selbst zu schwärmen

So kannst du dein starkes Ich zum Strahlen bringen:
> Durch Beziehungen zu anderen Menschen. Das braucht eine gehörige Portion Mut und die Bereitschaft zu scheitern. Maja, 31, wurde in einem Coaching klar, dass nur sie selbst sich aus ihrer selbst gewählten Nussschale befreien konnte. Sie war eine sehr ernsthafte junge Frau und hasste sinnfreien Small-Talk, lernte also bei den wenigen Einladungen, die sie von Arbeitskollegen bekam, nie jemanden kennen. Ihr Freundeskreis lag bei null. Als erste Maßnahme in Richtung eines Queensize-Lebens machte sie sich eine Liste, wofür sie sich wirklich interessierte. Ganz oben standen Tierwohl und Klimaschutz, vielleicht wirklich nicht die besten Smalltalk-Themen. Sie entschied sich für Big Talk: Sie trat in eine Tierhilfsorganisation ein und ging regelmäßig zu Treffen einer Partei, der sie sich annähernd verbunden fühlte. Und so öffnete sie nach und nach ihren Schutzschild und ließ neue Menschen in ihr Leben.
> Durch Begegnungen oder Erlebnisse, die deine Überzeugungen, deine bisherige Meinung, auch von dir selbst, ver-rücken. Ich hatte lange die Neigung, mich halblaut selbst zu kritisieren:»Wie konnte mir das passieren? Nein, ich bin doch zu blöd ...« Bis mein Mann irgendwann energisch sagte:»Niemand beschimpft meine Frau – und schon gar nicht sie sich selbst!« Glaub mir, das hat gewirkt. Kannst auch du lernen, dich selbst in einem milderen Licht zu sehen und gut von dir zu denken und zu reden? Na klar kannst du das. Wenn du von dir sprichst, tu so, als wenn du von deiner

besten Freundin redest, mit Wärme, Liebe und Respekt. Wenn wir von uns selbst genauso schwärmen können wie von anderen, sind wir im Queensize-Status angekommen.

> Durch Erfahrungen oder spontane Erkenntnisse, die den Glauben an dich stärken. Du schaffst etwas, das du nicht für möglich gehalten hättest. Du traust dich etwa zum ersten Mal, deinen Nachbarn zu bitten, sein Auto nicht immer halb in deiner Einfahrt zu parken – und er tut es nicht mehr. Du überwindest Hemmungen und sagst deiner besten Freundin, dass es dich langweilt, wenn sie dir stundenlang einen Film nacherzählt, den sie gesehen hat. Und merkst dabei: »Hey, das funktioniert ja!« Ich habe kurz nach unserem Kennenlernen von meinem Mann gesagt bekommen: »Wenn du möchtest, dass ich etwas tue oder lasse, sag einfach, bitte tu es mir zuliebe, und ich werde es tun.« Ich schwöre dir, es hat funktioniert. Ich habe diesen Tipp schon unzählige Male weitergegeben, immer mit gutem Erfolg. Einmal fragte mich ein junger Mann im Seminar: »Gilt das auch andersrum?« Ich verstand nicht, was er meinte. Ja, ob es auch funktionieren würde, wenn ein Mann eine Frau bitten würde, ihm zuliebe ...? Ich antwortete: »Probieren Sie es aus. Und schreiben Sie mir bitte, welches Ergebnis Sie erzielt haben.« Eine Woche später kam eine Mail: »Ich habe meine Freundin gebeten, nicht überall in der Wohnung alles rumliegen zu lassen, mir zuliebe. Am nächsten Tag war alles aufgeräumt. Danke.«

Energiebilanz

Manchmal haben wir das Gefühl, dass wir nicht genügend Energie haben, um das großartige Leben zu führen, das zu uns passen würde. Unser Leben besteht aus Nehmen und Geben, aus Anspannung und Entspannung. Auf die Balance kommt es an. Deshalb hier eine kleine Übung, mit deren Hilfe du deine Energiebilanz erstellen und deinen Akku auffüllen kannst. Ich stelle mir dazu wirklich einen Akku, also eine Batterie vor. Du kannst sie dir aufzeichnen und den aktuellen Füllstand einzeichnen, liegt er bei 100 Prozent? Zwischen 50 und 90? Unter 50? Dann überlege schrittweise, woher der Füllstand kommt:

1. Schreib auf, woher du Energie beziehst:
   → von welchen Menschen,
   → von welchen Tätigkeiten,
   → durch welche Situationen,
   → durch welche Gedanken.

2. Schreib dann auf, wohin deine Energie abfließt:
   → an welche Menschen,
   → an welche Tätigkeiten,
   → in welchen Situationen,
   → durch welche Gedanken.

Schau auf die Energiebilanz. Wenn dein Energie-Akku voll ist, wunderbar. Wenn er nicht vollgefüllt ist, überprüfe, ob nicht genug zufließt oder ob zu viel abfließt.
Wenn nicht genug zufließt, überlege, was dir Energie verschafft und wie du das in dein Leben einladen kannst.
Wenn zu viel abfließt, schau, ob du vielleicht ein Ener-

gieleck in deinem Akku hast, also eine Person, eine Tätigkeit, eine Situation oder Gedanken, die überdurchschnittlich viel Energie abziehen. Dann überlege, wie du das Leck schließen kannst – und tu es.

Ein starkes Ich hat den Mut zur Wahrheit. Wie oft bringen wir uns in unangenehme Situationen, weil wir uns nicht trauen, klar zu sagen, was wir wollen oder nicht. Vor 14 Jahren wollte ich mit meiner besten Freundin einen gemeinsamen Urlaub auf Sylt machen. Wir hatten ein hübsches kleines Hotel auf der Insel gebucht.

Doch drei Wochen vor Urlaubsbeginn brach sich meine Freundin den rechten Fuß. Es war klar, dass sie nicht laufen durfte, sondern auf den Rollstuhl angewiesen war. Mein spontaner Gedanke war: Das macht doch keinen Spaß, sag den Urlaub ab. Aber ich wollte sie nicht enttäuschen. Sie hatte sich so auf Sylt gefreut. Ich mietete einen Rollstuhl und holte sie in Frankfurt mit dem Auto ab.

Rollstuhl und Sandstrand gehen ganz schlecht zusammen, hast du das gewusst? Kurz gesagt, der Urlaub war ein Desaster. Erholung gleich null. Ich durfte sie bedienen, rumschieben und die meiste Zeit mit ihr in irgendeinem Café hocken. Meine Laune sank mit jedem Tag. Ich machte gute Miene zum verkorksten Spiel. Sie war ja schließlich meine Freundin. Zwei Tage vor Urlaubsende haben wir uns abends aus lauter Frust echt die Kante gegeben, Bombay Saphire mit Kumquats war das Modegetränk der Saison. Wir beide haben es nie wieder getrunken.

Sieben Jahre später, stell dir das mal vor, sieben Jahre später haben wir uns endlich einmal ehrlich über diesen Urlaub unterhalten. Und was stellte sich dabei heraus: Meine Freundin hätte ihrerseits die Reise wegen des gebrochenen Knochens am liebsten abgesagt. Aber sie wollte mich nicht enttäuschen, ich hatte mich doch so sehr auf Sylt gefreut. Sie hat sich durch die zwei Wochen geschleppt und hätte doch nur ihre Ruhe haben wollen. Wir haben uns lachend in den Armen gelegen und uns geschworen, uns ab sofort immer ehrlich zu sagen, was wir wollen und was nicht. Und es klappt. Manchmal ist eine von uns kurz verstimmt, kriegt sich aber schnell wieder ein. Versprochen ist versprochen.

Queensize-Tipps

1. Schau dir deine Kindheit aus der Positiv-Sichtweite an.
2. Wann und wie hast du rebelliert?
3. Was ist dir gut gelungen in deinem Leben?

Hinein in die königliche Fülle

Was gehört zu einem erfüllten Leben? Der Neurobiologe Joachim Bauer hat erforscht: »Die Sinnsuche gehört zu den Grundbedürfnissen des menschlichen Gehirns. Der Mensch hat das Bedürfnis, Sinnvolles zu erleben und zu tun.« Nach meiner Erfahrung ist die Empfindung von Sinnlosigkeit auch der häufigste Grund, warum Menschen zu mir ins Coaching kommen. Meist hat das primär mit der Arbeitssituation zu tun. Oft geht es auch um Sinnsuche nach der Familienphase oder nach dem Eintritt in die Rente. Dazu später mehr.

Viele Klientinnen haben einen Job, spüren aber eine innere Leere und zweifeln an der Sinnhaftigkeit ihrer Tätigkeit. Ihre Motivation bewegt sich gegen null. Ich höre Sätze wie »Ich könnte meinen Job noch bis zur Rente machen, aber er langweilt mich zu Tode.« Sinnverlust bedeutet auch Energieverlust. Und umgekehrt schafft neuer Sinn neue Motivation. Der Schriftsteller und Philosoph Friedrich Nietzsche hat es bereits Mitte des 19. Jahrhunderts so formuliert: »Wer ein Warum zu leben hat, erträgt fast jedes Wie.« Also, wenn wir wissen, warum und wofür wir etwas tun, entwickeln wir ungeahnte Kräfte.

Ich finde, es ist kein Wunder, dass die Frage nach dem Warum aktuell in vielen Reden, Seminaren oder Podcasts auftaucht. Vor allem in großen Unternehmen erlebe ich bei vielen einen großen Zweifel am Sinn ihres Tuns. Nicht nur bei Mitarbeiter/innen, sondern auch bei vielen Führungskräften. Nach einer Studie des Robert-Koch-Instituts klagen 50 Prozent der Arbeitnehmer/innen in Deutschland über mangelnde Unterstützung durch ihre Führungskräfte und 30 Prozent über mangelnde Unterstützung aus dem Kollegenkreis.

Der Schnelltest zum Warum

Doch wie willst du Menschen motivieren, zu denken, zu arbeiten oder zu kaufen, wenn du selbst dein »Warum« nicht (mehr) kennst? Das Warum verleiht uns Flügel. Deshalb gehört zu einem Leben als Queen of fucking everything natürlich auch ein Queensize-Warum! Und zwar egal, wie du dein Leben ausrichtest: ob du ambitioniert bist oder das Tempo zurückfahren willst, ob du mehr willst oder mehr lassen möchtest, ob Halligalli auf deinem Plan steht oder Kontemplation. Dein Warum führt dich in die gewünschte Richtung, in dein erfülltes Queensize-Leben.

Mein Warum:
Möglichst vielen Menschen nützen.
Möglichst wenigen Menschen schaden.

Du kannst hier ganz einfach einen Schnelltest zu deinem eigenen Warum machen. Mal dir eine Skala auf von null bis zehn und schau, wo du gerade in deinem Job stehst. Null heißt Aschenputtel-Leben, die Zehn verheißt berufliches Queensize-Level. Kreuze jetzt auf deiner Skala deinen gefühlten Status an, wie zufrieden bist du mit deinem (Berufs)Leben? Wenn du bei einem Wert unter fünf landest, stellt sich die Frage, was du tun kannst, um mindestens drei oder vier Punkte weiter nach oben zu gelangen. Wenn dein Wert bei sieben oder acht liegt, frag dich, was fehlt, um auf eine Zehn zu kommen. Denn die Zehn hast du verdient! Erinnere dich dabei an deine innere Weisheit: Du weißt tief in dir selbst ganz genau, was du brauchst für ein erfülltes Leben. Wenn du alleine nicht draufkommst, lade zwei, drei wohlwollende Freunde oder Freundinnen ein, koch viel Tee und rede mit ihnen darüber. Während wir reden, formen sich unsere Gedanken. Wenn wir anderen Fragen stellen, kommen unsere eigenen Antworten meist automatisch. Das Wichtige ist dabei die Resonanz.

Um ihre schwindende Motivation ging es auch bei einer Coachingklientin, nennen wir sie Lisa, Mitte 40, Betriebswirtin mit Schwerpunkt Marketing, seit acht Jahren Abteilungsleiterin in einer Versicherung. Sie hat auf ihrer Skala die Fünf angekreuzt. Sie ist also nicht kreuzunglücklich, aber weit entfernt von einem Queensize-Arbeitsleben in Luxus und Komfort. Sie fühlt sich in den letzten drei Jahren von ihrem Chef beruflich ausgebremst, muss mit immer weniger Mitarbeiter/innen immer mehr leisten und hat ihre Motivation als Führungskraft weitgehend verloren. Ich mache mit ihr ein kleines Spiel, das ich das Motivationsraster nenne.

Ich biete ihr 24 Begriffe, die beschreiben, was Menschen antreibt, ihre Arbeit zu machen:

Spaß	Kollegialität
Ruhm	Einfluss
Verantwortung	Zeitsouveränität
Selbstbestimmung	Erfolg
Ästhetik	Geld
Macht	Anerkennung
Berufung	Muße
Freude	Unabhängigkeit
Aufmerksamkeit	Erfüllung
Freiheit	Herausforderung
Status	Sinn
Veränderung	Harmonie

Lisas Aufgabe ist es jetzt, immer die beiden nebeneinanderstehenden Begriffe zu vergleichen, dann den in diesem Moment für sie wichtigeren Motivator stehen zu lassen und den anderen wegzustreichen. Das soll sie möglichst aus dem Bauch heraus machen, ohne zu lange über jeden einzelnen Begriff nachzudenken.

In der sofort folgenden zweiten Runde streicht sie wieder die Hälfte der Begriffe, aus zwölf werden sechs. Und in der dritten Runde bleiben von sechs drei Motivatoren übrig. Diese drei Begriffe zeigen zum einen, was Lisa beruflich antreibt, und sie zeigen gleichzeitig auch, warum sie mit ihrem Job unglücklich ist. Ihre drei Favoriten lauten: Sinn, Freude, Spaß. Seit 25 Jahren mache ich mit meinen Klientinnen diese Übung und habe herausgefunden: Die drei gewählten Begriffe sind immer der Grund, warum jemand zu mir ins Coaching kommt und etwas verändern möchte. Durch die Auswahl wird das Defizit sichtbar, der Mangel, der die Lebensfreude trübt. Vor allem, wenn sich Begriffe doppeln wie Freude und Spaß, sind sie ein klarer Hinweis dafür, was fehlt. Auch bei Lisa bestätigt sich diese Beobachtung. Sie erstickt in der Routine ihrer Arbeit, der Beschränktheit ihrer Gestaltungsmöglichkeiten in einem eher konservativen Unternehmen. Sie meint:»Ich bin zu jung, um in die innere Kündigung zu gehen. Da muss noch mal etwas völlig Neues kommen. Und nach der Trennung von meiner Partnerin kann ich hinziehen, wohin ich will.«

Ich sammle mit ihr zusammen Ideen, wie ihr neuer Traumjob aussehen könnte:

→ Ein Unternehmen mit menschlicher Führungskultur
→ Branche: egal, Hauptsache innovativ
→ Marketing/Vertrieb würde mir Spaß machen
→ Ein junges, begeistertes Team führen
→ Spaß!
→ Gerne Startup, das meine Erfahrung und Expertise brauchen kann
→ International wäre gut, ich bin weltoffen
→ Möglichst mit Reisen verbunden
→ Ich möchte für ein Produkt arbeiten, hinter dem ich voll und ganz stehen kann.
→ Offene, warme Atmosphäre
→ Ich möchte mich jeden Morgen auf mein Team freuen können.

Wir überlegen, wo sie nach einem Job Ausschau halten und zu welchen Netzwerkveranstaltungen sie gehen kann, um interessante Kontakte zu knüpfen. Sie soll recherchieren, welche Social-Media-Portale für sie hilfreich sein könnten. Und wir besprechen, wie sie ihre bisherige Berufslaufbahn darstellen kann, um für ihr Traumunternehmen attraktiv zu werden.

Bei jeder Stelle, die sie sich anschauen wird, kann sie ihre drei Favoriten »Sinn, Freude und Spaß« wie einen Filter über die Entscheidung legen: Wird sie dort genug Spaß haben und ist die Aufgabe sinnvoll? Denn nur dann wird sie in ihrer Vorstellung beruflich ihr Queensize-Level erreichen!

Wahrscheinlich hast du das Motivationsraster längst für dich ausprobiert. Egal, was dabei herausgekommen ist, die drei Favoriten können dir einen Hinweis darauf geben, was dir in deinem Beruf fehlt. Wenn du total glücklich in deinem Job bist, sind die drei Begriffe wahrscheinlich die Erklärung, warum du so zufrieden bist, denn sie werden in deiner Arbeit erfüllt.

Was passiert, wenn verhinderte Königinnen über einen längeren Zeitraum gegen ihre Motivatoren leben? Sie landen irgendwann in einem Mangelleben: Sie klagen, was alles nicht geht und warum alles ganz schlimm ist und weshalb alle anderen blöd sind, nur sie selbst nicht. Sie kommen schon morgens ins Büro und stöhnen: »Nur noch 2430 Tage bis zur Rente und der Rest von heute.« Oder: »Noch acht Wochen bis zum Urlaub.« Oder: »Lieber Gott, lass es Abend werden. Wenn's geht vorm Mittagessen.« Sie können sich nicht mehr an dem freuen, was sie haben, sondern sehen nur noch das Negative. Das ist ein Aschenputtel-Leben.

Und was hat dem armen Aschenputtel geholfen, die Königin zu werden, zu der es geboren war? Als Erstes ihr Eigensinn. Sie war nicht bereit, sich mit der Rolle als

Küchenmagd zu begnügen. Sie hatte Größeres mit ihrem Leben vor. Sie hörte nicht auf zu träumen.

Die drei Haselnüsse

Was half ihr noch? Richtig, drei Haselnüsse (bestimmt kennst du den Märchenfilm ›Drei Haselnüsse für Aschenbrödel‹, ein Klassiker). Lass uns doch ein bisschen Märchenfee spielen. Stell dir vor, die drei Haselnüsse zu deinem Queensize-Leben liegen für dich bereit.

Knack die erste Nuss: Spüre, was dir fehlt, wo du unzufrieden bist. Höre auf Gedanken, die du vielleicht normalerweise aus Vernunftgründen unterdrückst: »Es macht mir keinen Spaß mehr ..., Ich wünsche mir stattdessen ..., wäre doch das und das anders ..., mich stört schon lange ..., nie wieder will ich das und das hören/machen ...« Was hindert dich daran, am Morgen fröhlich aus dem Bett zu springen? Was denkst du auf dem Weg zur Arbeit? Was laugt dich aus? Wer oder was enttäuscht dich? Was nervt dich? Schreib dir diese Gedanken auf. Wir schaffen es meistens viel zu lange, die Unzufriedenheit zu unterdrücken, und uns einzureden, dass es doch gar nicht so schlimm ist. Oder wir trösten oder betäuben uns.

Ich habe eine sehr unglückliche Zeit in meinem Angestelltenleben mit zu viel Schokolade und Rotwein betäubt. Dieses halbe Jahr der mangelnden Anerkennung und des zermürbenden Stresses hat mir viele Extrakilos und viel zu viel Kopfschmerzen beschert. Bis ich endlich kapierte, dass ich unglücklich bin und etwas ändern will.

Knack die zweite Nuss: Habe Zuversicht, dass die Welt etwas Besseres für dich bereithält. Hör nicht auf die Mahner: »Du kannst doch froh sein, dass ..., In diesen Zeiten ..., Da kann man eh nichts machen ...« Dummes Zeug! Bedenkenträger/innen wollen nicht nur dir, sondern auch sich selbst einreden, dass wir alle Opfer sind. Sie wollen keinesfalls, dass du das Gegenteil beweist. Doch den Mutigen gehört die Welt. Raus aus der Opferrolle, genug gejammert: Werde zur Handelnden in deiner Welt. Du hast nur das eine Leben, geh es beherzt an. Schau dich um, lerne Menschen kennen, zeig dich. Wie heißt es im Märchen der Bremer Stadtmusikanten: »Was Besseres als den Tod findest du überall!«

Zurück zu meiner Schokoladen-Rotwein-Misere: Auf einer Netzwerkveranstaltung in Hamburg saß ich damals beim Mittagessen zufällig neben der Chefredakteurin der Zeitschrift ›Cosmopolitan‹ (ich wusste nicht, wer sie war). Wir redeten, lachten, waren uns in vielen Dingen einig, tauschten Karten. Oh! Wir verabredeten uns zum Kaffee. Ein Vierteljahr später unterschrieb ich bei ihr einen Vertrag, der neun glückliche Redakteurinnen-Jahre zur Folge hatte.

Knack die dritte Nuss: Schwing deinen Hintern hoch und tu was. Mach dir dabei nicht vor Angst in die Hose. Wie sagte die Oma einer Freundin immer: »Kein Leid vor der Zeit.« Riskiere den Neuanfang, bereite dich gut vor, zeig dich selbstbewusst, verhandle gut und schau, dass deine Seele dort genährt wird. Ermutige dich selbst, indem du dir vorstellst, was du im neuen Job von Anfang an anders machen wirst. Vertraue darauf, dass du einen großen Entwicklungsschritt machen wirst, wenn du dich auf etwas Neues einlässt. In der Zeit als Ressortleiterin bei der ›Cosmo‹ wuchs ich innerlich, schrieb dank einer Vier-Tage-Woche die ersten erfolgreichen Bücher und traute mich erstmals auf große Bühnen. Die Redaktionserfahrung unter vielen klugen, selbstbewussten Frauen und mit hoher Verantwortung war die beste Vorbereitung für meine spätere Selbstständigkeit.

Für dich nur das Beste

Also, hinein in die Fülle! Im Berufsleben und in allen Bereichen. Mach dir eine Queensize-Genuss-Liste. Was möchtest du gerne mal wieder tun? Was hast du schon lange nicht mehr gemacht?

Wenn ich in Seminaren diese Übung durchführe, steht bei ganz vielen Frauen »Freunde/Freundinnen treffen« ganz oben, weil sie so viel arbeiten und für die naheliegenden Dinge keine Zeit mehr haben.

Und denk dran, Talent wird überbewertet: Sing, wenn du singen möchtest. Du musst ja nicht gleich bei ›Deutschland sucht den Superstar‹ auftreten. Tanze, wie du magst, das Leben ist kein Contest. Male! Nimm dir ein Papier und Farben und tob dich aus. Nimm die Finger, einen Pinsel oder Spachtel – ist doch völlig egal. Du tust es für dich.

Genuss gehört zum Queensize-Leben genauso wie Zufriedenheit. Kennst du auch Menschen, die ständig auf andere schielen? Nach dem Motto: Das Gras jenseits des Zauns ist immer grüner. Natürlich wird es immer eine geben, die schöner, größer, schlanker, reicher, erfolgreicher ist oder mehr Zeit hat als du selbst. Ich wollte viele Jahre wie Claudia Schiffer aussehen. Aber irgendwann habe ich gemerkt, ich bekomme das mit den 1,80 m nicht mehr hin in diesem Leben. Eine solche Erkenntnis ist ein guter Moment, um sich von solchen Wünschen zu verabschieden! Also: Überleg dir genau, wie du Zufriedenheit in dein Leben einlädst. Ich liebe das amerikanische Sprichwort: Love it, change it or leave it. Und ich fange gedanklich immer beim Loslassen an.

Leave it

Wenn du irgendwo nicht mehr sein willst, dann geh. Das gilt für lasche Jobs, hässliche Wohnungen, für laue Freundschaften und für erkaltete Beziehungen. Es ist eine tägliche Entscheidung, nach dem Aufwachen zu fragen: »Möchte ich morgens dieses Gesicht als Erstes sehen?« Wenn die Antwort Ja ist, küss es: schmatz, schmatz, schmatz. Glück gehabt!

Wenn die Antwort überwiegend Nein ist, dann hast du ein Problem. Dann kannst du vielleicht deine Schlafposition so ändern, dass du dieses Gesicht morgens nicht mehr als Erstes siehst. Vielleicht helfen getrennte Schlafzimmer. Vielleicht eine Paartherapie. Oder du gibst dem anderen die Chance, noch mal eine zu finden, die ihn wirklich liebt (lass dir diesen Satz auf der Zunge zergehen, erst dann entfaltet er seine ganze liebevolle Ironie). Du glaubst nicht, wie viele Frauen nur deshalb bei ihrem Partner bleiben, weil sie ihm ein schöneres Leben nicht gönnen. Bei anderen ist es die pure Angst vorm Alleinsein. Nach dem Feiglingsmotto: lieber gemeinsam einsam.

Ich habe die gegenteilige Erfahrung gemacht. Als ich mich nach vielen Jahren der Zweifel und Unzufriedenheit endlich von meinem ersten Mann trennte, zog ich in eine eigene Wohnung. Wie ich da am ersten Abend so mutterseelenallein auf meiner roten Couch lag und zur Decke hinaufstarrte, fragte ich mich: »Das wolltest du also?« Und die Antwort stieg jubelnd die Kehle hoch. Ja! Lieber allein als einsam zu zweit. Und ich drehte meine Lieblingsmusik laut. Ein Queensize-Leben braucht Fülle. Es braucht Mut und Entschlossenheit. Und es gibt uns die Kraft, die wir brauchen, (wieder) das zu tun, was für uns das Beste ist.

Change it

Wenn du etwas nicht mehr willst, dann ändere das. Wenn du einen Stein im Schuh hast, kannst du natürlich weiterlaufen, bis du eine wunde Stelle hast. Du kannst aber auch kurz haltmachen, den Schuh ausziehen, ausschütteln, wieder anziehen und fröhlich weitergehen. Mein Lieblingsbeispiel für Veränderung ist die Frau, die jeden Morgen auf dem Weg ins Büro an einem unfreundlichen Pförtner vorbeimusste. Nennen wir sie Jenny. Jeden Morgen fiel ihre gute Laune schon in sich zusammen, wenn sie ihn nur dort sitzen sah. Sie wollte einen Tipp, wie sie ihre gute Laune retten könne. Wir überlegten gemeinsam:

→ Mit ihm reden. Sie hatte nicht das Gefühl,
   dass das etwas bringen würde.
→ Sich über ihn beschweren. Bäh, petzen,
   geht gar nicht.
→ Kündigen. Vielleicht etwas unmäßig, fand sie.
→ Durch den Hintereingang hineingehen,
   bisschen resignierend.
→ Sich auf dem Fußboden an der Pförtnerloge

vorbeirobben, damit sie keinen Augenkontakt mit ihm hat. Verstößt gegen ihre Würde, meinte sie. → Am nächsten Morgen lachend an ihm vorbeitanzen »Morgen, Morgen, Morgen!« Diese Idee fand sie umwerfend. Ja, das wollte sie probieren.

Wir überlegten kichernd noch kurz, was schlimmstenfalls passieren könnte: Er könnte die Männer mit den weißen Turnschuhen rufen: »Wir haben hier eine Vollirre, bitte abholen!« Er könnte sich bei der Personalabteilung über sie beschweren: »Ich werde gemobbt.« Er könnte sich bei der Gleichstellungsbeauftragen beklagen: »Ich werde sexuell belästigt.« Was wäre das Wahrscheinlichste? Er würde jeden Morgen interessiert gucken: »Was macht die Irre heute?«

Jenny freute sich auf die Tanzvariante. Und sie versprach, mir zu berichten, wie es gelaufen ist. Wochenlang hörte ich nichts von ihr, bis eines Morgens eine Mail von Jenny im Posteingang war. »Liebe Frau Asgodom, ich habe mich nicht getraut. Es war mir dann doch zu peinlich. Ich brauche diese Aktion aber auch gar nicht mehr. Ich gehe morgens freundlich grüßend am Pförtner vorbei und denke, ich könnte auch anders. Das rettet mir jedes Mal den Tag.«

Ich muss jedes Mal lachen, wenn ich an Jenny und ihre Lösung denke. Sie erinnert mich an einen Satz der amerikanischen Schriftstellerin Amy Tan: »Wenn du dein Schicksal nicht ändern kannst, dann ändere deine Einstellung.«

Ja, du kannst Tatsachen verändern, reden, fordern, gehen, also handeln. Wenn das Gartentor deines Nachbarn jeden Morgen in aller Herrgottsfrühe quietscht und dich

80

nervt, dann geh heute Abend hin, schütte ein paar Tropfen Pflanzenöl ins Scharnier – und fertig. Du kannst dich aber auch entschließen, dich nicht ärgern zu lassen: Nimm das Quietschen als Erinnerung, dass andere Menschen wesentlich früher aufstehen müssen als du und dreh dich noch mal auf die Seite. Ich habe einmal gelesen: 15 Sekunden Ärger sind ein Reflex, danach ist es unsere Entscheidung, uns zu ärgern.

Du brauchst noch ein weiteres Beispiel? Heidi, 39, ist die einzige Frau im Managementteam einer mittelständischen Maschinenfabrik. Sie arbeitet in der IT-Abteilung. Sie beklagt sich in einem Seminar, dass sie von ihrem Chef gemobbt wird. Ui, das ist ein harter Vorwurf. »Was macht er denn Schlimmes?«, frage ich nach.

Heidi schildert die Situation: »Ich sitze im Büro neben dem Chef. Bei uns stehen immer alle Türen offen. Und wenn der Chef an meiner Tür vorbeigeht, habe ich immer so einen Hinguck-Reflex, ich schaue halt. Und er sagt jedes Mal: ›Lächeln, Heidi, lächeln.‹« Sie habe sooo einen Hals, das sei Mobbing. Ich frage sie, was sie denn am liebsten tun würde. Heidi: »Ich werde mit ihm reden und ihm erklären, wie kränkend sein Verhalten für mich ist. Ich mache meine Arbeit und werde nicht fürs Lächeln bezahlt.«

Ich versuche es mit Provokation: »Das ist eine super Idee, Männer lieben Beziehungsgespräche. Nehmen Sie am besten jemanden aus dem Betriebsrat mit, dann eskaliert es noch ein bisschen mehr.« Heidi schaut mich verwirrt an. Ich versuche es mit Humor: »Nein, natürlich nicht. Wenn ich Sie wäre, würde ich mir ein Porträtfoto raussuchen, auf dem ich lächle. Ich würde es auf Kopfgröße hochkopieren und auf eine Pappscheibe kleben.

Wenn der Chef das nächste Mal vorbeigeht, würde ich es einfach hochheben.« Ich fand die Idee umwerfend, Heidi nicht. Na gut, sie würde sich was einfallen lassen.

Vier Wochen später kam ihre Mail: »Liebe Frau Asgodom, ich habe tatsächlich ein Foto rausgesucht, auf dem ich lächle. Ich habe es auf Kopfgröße kopiert und auf eine Pappscheibe geklebt. Ich habe es hochgehoben, als mein Chef vorbeigegangen ist. Der hat sich weggeschmissen. Er hat sich nicht mehr eingekriegt vor Lachen. Er ist an diesem Tag wohl zwanzig Mal an meiner Tür vorbeigelaufen. Dann kamen die Kollegen, es hatte sich rumgesprochen. Ich hatte eine Völkerwanderung vor meinem Büro. Ich habe jedes Mal brav meine Pappe hochgehalten. Am Abend hatte ich Muskelkater, war aber zufrieden. Ich möchte mich bei Ihnen bedanken, denn ich bin in der Achtung meiner Kollegen gestiegen.«

Ja, auch das ist Change. Verändere etwas, überrasche, tue etwas Unerwartetes, etwas, das verblüfft. Durchbrich Erwartungen und vor allem: Nimm dich selbst wichtig, aber auch nicht zu wichtig. Kaum jemand steht morgens mit dem Vorsatz auf: »Heute mache ich mal meine Mitarbeiterin fertig.« Manche Führungskräfte sind leider von ihrer Persönlichkeit keine, manche reden dummes Zeug, manche lassen ihren Frust an Mitarbeiter/innen aus. Du kannst dich entscheiden zu leiden. Und du kannst dich entscheiden, etwas zu tun.

Drittes Beispiel: Monika, 52, aus Köln. Sie leitet ein Team mit 17 Mitarbeiter/innen, ihre Abteilung gilt konzernweit als vorbildlich mit besten Ergebnissen. Eines Tages ruft sie der Chefchef zu sich und fragt nach den Grundlagen ihres spektakulären Erfolgs. Monika freut sich, wow, ihr Engagement hat sich herumgesprochen.

Sie erzählt, dass sie sich jeden Tag etwa eine Stunde Zeit nimmt, um mit ihren Mitarbeiter/innen zu reden. Das mache eine gute Stimmung und alle seien hochmotiviert. Der Chefchef schlägt die Hände über dem Kopf zusammen: »Was machen Sie? Mit allen reden? So führen wir in diesem Unternehmen nicht. Mitarbeiter gehören morgens ungespitzt in den Boden gerammt, dann wissen sie, wo ihr Platz ist. Also hören Sie auf mit diesem Blödsinn, dafür bezahle ich Sie nicht.«

Monika ist fassungslos. Sie kommt zu mir ins Coaching, um zu überlegen, wie es weitergehen kann. Sie will ihren Führungsstil nicht verändern, er entspricht ihr und ist ihrer Meinung nach die Grundlage des Erfolgs. Die Frage ist also: Was kann sie tun?

Du weißt schon, ich denke gern in Alternativen. Deshalb sammeln wir Ideen, was sie tun kann:

→ Kündigen und einen anderen Job suchen.
→ Aufhören, mit ihren Mitarbeiter/innen zu reden.
→ Es trotzdem heimlich tun.

Alle drei Möglichkeiten lehnte Monika ab. Nein, das sei alles nicht ihr Weg. Und dann kommt sie auf eine außergewöhnliche Idee: Sie wird ab sofort morgens eine Stunde früher ins Büro gehen. Und in der gewonnenen »privaten« Stunde wird sie weiterhin die wichtigen Gespräche mit ihren tollen Leuten führen. Denn sie liebt ihr Team, ihre Aufgaben und ihren Erfolg. Das ist ihr eine Stunde täglich wert. Wow. Diese Lösung hat mich überrascht. Es wäre wohl nicht meine gewesen (ich bin da eher trotzig). Und dann hat mich Monikas Entscheidung auch geflasht. Wie mutig. Sie riskiert eine Menge für Ihre Überzeugung. Und mir ist wieder klar geworden: Es gibt nicht die eine, einzige Lösung für alle. Ich und du, jede von uns braucht eine individuelle Herangehensweise. Denn wir sind unterschiedlich.

Love it

Auf Deutsch würde ich sagen: Lass es zu. Wenn du nicht gehen willst und nichts ändern willst, dann nimm dein Schicksal an und hör auf zu meckern. Vor einiger Zeit habe ich eine Szene beobachtet, die das ganz gut illustriert: Ich sitze im Speisewagen des EC von Bozen nach München. Der junge Kellner ist ein bisschen »schroff«, sage ich jetzt mal. Der kommt also an meinen Platz und fragt in harschem Ton: »Was wollen Sie?« Ich bestelle einen Kaffee. Er raunzt: »Vorkasse!« »Wie bitte? Das habe ich in meinem Leben noch nicht gehört. Glauben Sie, ich trinke den Kaffee und springe dann aus dem fahrenden Zug, damit ich nicht bezahlen muss?« Er zischt: »Neue Verordnung.« »Okay, bitte schön, hier drei Euro fünfzig!« Ich trinke meinen Kaffee und beobachte ihn. Er hat die ganze Zeit ein griesgrämiges Gesicht. Irgendwann denke ich, Junge, such dir doch etwas anderes! Was dir Spaß macht! Mit Maschinen oder so! Es muss ja nicht jeder mit Menschen arbeiten. Ich weiß, wahrscheinlich braucht er das Geld und diesen Job. Doch Liebe zum Tun heißt auch: Wenn ich mich verpflichtet habe, etwas zu erledigen, dann mache ich das Beste daraus. Denn alles andere wäre schrecklich.

Stell dir vor, wie lange eine Fahrt von Bozen bis nach München dauert, wenn du keine Lust darauf hast? Ich bin im Jahr etwa 180 Tage unterwegs. Für jemanden, der nicht gerne reist, ist das Höchststrafe. Ich bekomme tatsächlich öfter zu hören: »Frau Asgodom, Sie haben aber ein stressiges Leben!« Und ich antworte immer:»Nein, ich habe kein stressiges Leben! Ich habe ein anstrengendes Leben! Und das finde ich in Ordnung. Ich finde, ich darf abends müde sein. Oder?« Stress hieße, ich wollte es nicht. Und dann würde ich morgens am Bahnhof stehen und denken:»Verflucht, ich will nicht wegfahren, was für ein furchtbares Schicksal.«

Aber ich liebe Bahnfahren. Ich setze mich auf meinen Komfortzonen-Platz, lese ein bisschen, träume ein bisschen, schlafe ein bisschen, telefoniere ein bisschen, denke ein bisschen, schreibe ein bisschen. Und ich höre manchmal anderen neugierig zu, wie sie am Telefon die größten Geheimnisse herauströten. Erinnere dich:»Wenn du dein Schicksal nicht ändern kannst, dann ändere deine Einstellung.« Das ist für mich ein wichtiger Teil des Queensize-Lebens.

Im nächsten Kapitel erfährst du, mit welchen Mitteln Frauen ihre starken Gefühle überdecken und sich damit schwächen. Und du bekommst jede Menge Beispiele, wie du den Tiger in dir rauslassen kannst, ohne um dich zu schlagen.

Queensize-Impulse
1. Sinnsuche: Finde dein Warum.
2. Was hindert dich, morgens fröhlich aus dem Bett zu springen?
3. Krieg den Hintern hoch und ändere, was dich stört!

Königlich glücklich

Sissi ist schuld. Ganz bestimmt. Dieser Liebreiz! Diese Kleider! Dieses Drama! Ach, und der schöne junge König! Und wie ihr das Kind über den roten Teppich auf dem Markusplatz in Venedig, nach langer Krankheit und der Angst zu sterben, mit den Blumen in der Hand entgegenläuft, und die Venezianer, die vorher so ablehnend waren, anfangen zu rufen »Viva la Mamma!« und ihre Hüte in die Luft werfen. Spätestens da fließen Tränen der Rührung. Meine. Echt. Jedes Mal.

Was, du kennst diese Szene nicht, niemals dazu geheult? Dann bist du wahrscheinlich unter 30 (was machst du in meinem Buch?), oder du hast eine DDR-Sozialisation. Oder du besitzt keinen Fernseher. Die Sissi-Filme gehören seit 1955 zum westdeutsch-österreichischen Kulturschatz. Man kann ihnen fast nicht entkommen. Sie laufen gefühlt jedes Jahr in der Weihnachtszeit im Fernsehen. Und sie haben Generationen von Frauen einen Romantikfimmel in den Kopf gesetzt, der seinesgleichen sucht.

Auch mir. Oh ja, auch ich habe eine starke romantische Ader. Ich heule schon, wenn in einem Trickfilm ein Tierbaby seine Mutter verloren hat und ängstlich »Mama?« ruft.

»Aber Königin werden, davon handelt doch dieses

Buch?«, denkst du jetzt vielleicht verwirrt. Jaaaa, aber anders. Vergleich einfach einmal die Wirkung dieser beiden Begriffe: »Sissi« und »Queen of fucking everything«. Das ist wie der Unterschied zwischen »Sex on the Beach« und Gin Tonic. Weniger süß, weniger pastellig, weniger pappig, weniger Kopfschmerzen. Und ohne Strohhalm.

Viele Frauen haben eine romantische Vorstellung vom Leben, von der Liebe, vom Kinderhaben, vom Altwerden auf der Bank unterm Fliederbusch ... Romantik heißt für sie, alles stimmt, alles ist herrlich, alles ist ideal. Sonnenuntergang, Musik, Heiratsantrag. Oder so.

So dachte auch Verena, 33, über ihre Hochzeit. Alles wurde akribisch geplant: die schönste Location, das leckerste Essen, Blumenschmuck und DJ. Die Kutsche mit weißen Pferden. Kein Witz. Eine ausgeklügelte Sitzordnung, damit ihre Mutter mit neuem Mann nicht in einer Blickachse mit ihrem Vater und dessen junger Frau saß. Und natürlich ein Traumkleid im Prinzessinnenstil, viel Tüll, viel Glitzer. Sie sah umwerfend darin aus. Na gut, sie musste die letzten drei Monate ziemlich hungern, um reinzupassen. Aber sie hat es geschafft.

Sie stand als strahlende Braut neben ihrem Traummann, etwas erschöpft, aber glücklich. Es ging auch alles ganz gut los. Die Trauung in der Kirche mit Orgelmusik und berührender Predigt. Die Kutschfahrt im herrlichen Sonnenschein. Das Menü ein Gedicht, und dann kam das Programm, das sich ihre Freunde für sie ausgedacht hatten: Spiele, alberne Spiele, peinliche Spiele. Bis glücklicherweise Zeit für Kaffee und Kuchen war. Und dann wurde die Braut entführt.

Das hatten sich ihre Cousins ausgedacht. Anfangs fand sie es ganz lustig, mit den drei Cousins in einer Kneipe

Champagner zu trinken. Was sie da noch nicht wusste: Der frischgebackene Ehemann weigerte sich, seine Frau zu suchen. Was für ein dämlicher Brauch! Er betrank sich stattdessen. Als Verena ziemlich beschickert nach zwei Stunden endlich zurückkehrte, war der Abend bereits ein Fiasko. Und das am schönsten Tag im Leben einer Frau!

So sagt man jedenfalls. Ich kann da nicht mitreden, denn ich hatte bei meiner ersten Hochzeit Senkwehen, trank Orangensaft und lag um zehn Uhr im Bett. Es soll aber sehr schön gewesen sein. Bei meiner zweiten Hochzeit beschlossen Siegfried und ich, niemandem davon zu erzählen und nicht zu feiern. Wir unterschrieben am Standesamt, aßen in dem Café, in dem wir uns kennengelernt hatten, Sachertorte mit Schlag, fuhren anschließend in einen Landgasthof und schickten um 22 Uhr meiner Mutter und meinen und seinen Kindern eine SMS »Just married«. Wir fanden das sehr romantisch. Sie nicht so.

Übrigens: Verena und ihr Mann haben den Hochzeitsschock überwunden und halten sich jetzt ein bisschen von ihren Familien fern.

Raus aus der Romantikfalle

Romantik ist doch etwas Schönes? Ja, wenn sie entsteht. Nicht aber, wenn sie einem vermeintlich perfekten Plan folgt, der leider misslingt. Denk mal an die wirklich romantischen Situationen in deinem Leben, bei deren Erinnerung dir das Herz aufgeht, sich ein Lächeln in dein Gesicht schleicht. Oft bekamen sie wahrscheinlich ihren

Zauber durch einen Zufall. Meist entsteht Romantik durch innige, kurz überraschende Momente, die nicht im Drehbuch stehen.

Ich erinnere mich an einen Ausflug, den ich wenige Wochen nach unserem Kennenlernen mit Siegfried gemacht habe. Wir kehrten zu Mittag in einem schönen Wirtshaus ein, mit weißen Damastdecken auf dem Tisch, gut bürgerlich, würde man sagen. Zum Nachtisch bestellten wir gebackene Hollerblüten, eine Spezialität des Hauses. Sie wurden mit Marmelade serviert. Siegfried nahm sich einen Löffel roter Marmelade aus einem silbernen Schälchen und kleckste aus Versehen ein bisschen dieser Marmelade auf die weiße Damastdecke. Er tat, was Männer meist in dieser Situation tun, er nahm sein Messer und versuchte, die Marmelade zu entfernen. Damit erzeugte er allerdings einen dicken roten Strich auf der Decke. Es war ihm spürbar peinlich. Er bekam einen roten Kopf, entschuldigte sich.

Es tat mir im Herzen weh. Ich wollte nicht, dass dieser wunderbare, kluge, humorvolle Mann sich schlecht fühlte. Ohne lange nachzudenken nahm ich einen Löffel Marmelade, klackste ihn auf die Tischdecke, nahm mein Messer und verstrich die rote Masse. Siegfried sah mich entgeistert an, dann lachten wir beide laut los. »In dem Augenblick hast du mein Herz gewonnen«, verriet er mir später. Das ist für mich eine Erinnerung an eine romantische Situation. Und das Lächeln ist da.

Aber zurück zur allgemeinen gesellschaftlichen Romantikvorstellung. Ich sage nur Valentinstag. Mehr als 600 Tonnen Schnittblumen hat im letzten Jahr allein die Lufthansa für diesen Tag nach Deutschland transportiert.

Blumen und Romantik sind eng verbunden. Blumen zum Geburtstag, Blumen zum Hochzeitstag, Blumen zum Muttertag. (Grinsend habe ich gelesen, dass der Brautstrauß seit dem 18. Jahrhundert bekannt ist, ursprünglich sollte er durch seinen starken Duft Körpergerüche überdecken.) Ja, Frauen freuen sich, wenn sie Blumen geschenkt bekommen. Und wenn nicht? Sind sie enttäuscht. Werfen das ihren Partnern vor: »Nie schenkst du mir Blumen.« Oder sind richtig sauer, wenn er die falschen Blumen schenkt, welche von der Tankstelle zum Beispiel. Kennst du diese grundhässlichen Bündel aus einer Rose, einer Nelke, einer Lilie, mit viel Grün und Schleierkraut lieblos in Plastik verschnürt? Pfui Teufel.

Ich habe mir angewöhnt, mir die Blumen zu kaufen, die ich mag. Wann ich will. Wie viele ich will. Gerade steht ein dicker Strauß violetter Tulpen auf meinem Esstisch, und ich freue mich jedes Mal, wenn ich ihn sehe. Ich liebe Anemonen und Pfingstrosen, Wicken, Schneeglöckchen und Amaryllis. Eine einzige schöne, duftende altenglische Rose. Jede Blume zu ihrer Zeit. Wie soll sich ein armer Mann das merken? (Vielleicht gibt es solche außergewöhnlichen Exemplare, ist in der Standardversion aber nicht automatisch dabei). Siegfried kann man mit Schokolade immer eine Freude machen.

Und hier greift die »Queen of fucking everything«-Haltung: Ich habe es nicht nötig, auf einen Blumenkavalier zu warten. Ich kaufe mir selbst, was ich möchte. Ich mache mein Glück nicht von seiner Aufmerksamkeit abhängig. Außerdem habe ich mir klare Ansagen angewöhnt: Ich zeige gern, wo es das gibt, was ich mir wünsche. »Willst du es kaufen, soll ich es selbst besorgen, und brauchst du eine Rechnung?« Das klingt jetzt ein bisschen unromantisch, meinst du? Natürlich lasse ich mich auch gern überraschen. Ich berechne aber Liebe nicht an Geschenken.

Geschenke als Liebesbeweise?

Queensize-Denken bedeutet: Geschenke sind kein Prüfsiegel für die Tiefe der Liebe des/der anderen! Und sie sollten kein Grund für Verachtung sein, wie ich sie immer wieder bei Frauen bemerke. Manche Männer haben ein Händchen für herzergreifende Geschenke. Andere nicht (gilt auch für Frauen). Stattdessen sind sie vielleicht immer da, wenn wir sie brauchen. Sie sind zuverlässig und betrügen uns nicht. Sie ertragen unsere Launen und lieben uns trotzdem oder deswegen. Warum reicht vielen Frauen das nicht als Liebesbeweis? Weil sie glücklich gemacht werden wollen. Da spitzt das alte Burgfräulein-Thema hervor, am Fenster stehen und auf den Minnesänger warten. Aber, liebe Frauen, wir wollen doch nicht angebetet und besungen werden. Wir wollen geliebt werden und lieben.

Wie recht hatte der amerikanische Schauspieler Will Smith, als er vor einiger Zeit auf Facebook postete: »Ich habe früher gedacht, ich müsste meine Frau glücklich machen. Heute weiß ich, dass sie sich nur selbst glücklich machen kann. Aber ich kann dazu beitragen.« Wenn wir Glück haben, passen die Glücksvorstellungen unter Partner/innen zusammen.

Glück hängt hauptsächlich von zwei Sachen ab: Entscheidungen und Einstellungen. Psychologen haben in den letzten 40 Jahren wissenschaftlich erforscht, was Menschen brauchen, um ein geglücktes Leben zu führen, wie sie es nennen. Im Mittelpunkt steht die Fähigkeit, sich selbst glücklich zu machen. Und nicht darauf zu warten, dass es jemand anderes für uns tut. Und zum Zweiten, eine gute Einstellung zu unserem Leben zu finden, auch zu unseren Liebsten, auch zu den Umständen unseres Lebens. Jede von uns ist vor allem auf der Welt, um glücklich zu sein. Das glaube ich ganz fest. Deshalb liegt es auch an dir, selbst für deine Zufriedenheit zu sorgen. Das fängt bei der Partnerwahl an: »Frauen suchen ihre Nachthemden mit mehr Verstand aus als ihre Ehemänner«, soll Coco Chanel gesagt haben. Heißt: Zieh mit niemandem zusammen, der dich absehbar unglücklich machen wird, oder bleib zumindest nicht bei ihm. Wie kommst du auf die Idee, dass es mit der Zeit besser werden könnte, sprich, dass er lernen würde, dich glücklich zu machen? Du glaubst, das macht eine halbwegs intelligente Frau doch nicht? Frag mal bei deinen Freundinnen nach, wie viele solcher Geschichten sie kennen. (Ich mag deshalb auch diese albernen Frauenromane nicht, in denen sie tagelang Nägel kauend am Telefon wartet, ob er anruft. Sie darf ja nicht zuerst anrufen, das »tut frau nicht« − Willkommen im 19. Jahrhundert!)

Schenk dir positive Emotionen

Die Glücksforscher wollten wissen, wofür es eigentlich überhaupt positive Emotionen in der Evolution der Menschen gibt. Negative Emotionen wie Angst oder Wut lösen Stress aus, und Stress, das haben Wissenschaftler festgestellt, hat früher zum Überleben des Menschen in der Umgebung wilder Tiere beigetragen. Aber Stress kann auch blöd machen. Das kennst du vielleicht aus stressigen Situationen, wenn du außer dir bist, weil du keinen klaren Gedanken fassen kannst. Was schaffen im Gegensatz dazu positive Emotionen? Die Psychologen sind zu dem Ergebnis gekommen, dass sie uns helfen, zu denken und kreativ zu sein. Freude, Neugier, Begeisterung und vor allem Entspannung sind nötig, um auf gute Ideen zu kommen.

Der Forschung zufolge können wir selbst ganz viel für unsere positiven Emotionen tun. Was genau, beschreibt der Begründer der Positiven Psychologie, Martin E. Seligman, mit vier Begriffen:

→ Genuss
→ Freude empfinden
→ Freude bereiten
→ Dankbarkeit

Genuss macht glücklich

Martin Seligman bezeichnet Genuss ganz nüchtern als Konsumglück. Das Haltbarkeitsdatum für dieses Sekundenglück ist verständlicherweise kurz. Aber im Moment selbst ist's herrlich und tut uns gut. Diese Form, sich glücklich zu machen, setzt voraus, dass wir überhaupt genießen können. (Was übrigens schwer wird, wenn manche Frauen sich alles »Leckere« von vornherein selbst verbieten.) Überleg einmal, ob und was du genießen kannst: Die warme Dusche auf deinen Schultern? Ohne ans Wassersparen zu denken? Den ersten Schokokuss aus der Großpackung? (Nach meiner Erfahrung sinkt die Genussrate ab dem zweiten.) Den ersten Schluck Wein, wenn du einen harten Tag hattest und mit lieben Freunden zusammensitzt? Die Massage, die du dir gönnst? Den ersten

Frühlingsspaziergang durch den Wald, das Vogelzwitschern, den Duft der Bäume? Das Wohlbehagen beim Sex, bei dem du nicht daran denkst, ob deine Oberschenkel zu dick sind oder was dein Partner/deine Partnerin von dir stimmlich erwartet? Der Philosoph Immanuel Kant hat Genuss folgendermaßen beschrieben:»Genießen ist das Wort, womit man das Innige des Vergnügens bezeichnet.« Genießen bedeutet, positive Sinnesempfindungen auszulösen, auslösen zu lassen und sich hinzugeben. Genuss ist dem Menschen angeboren. Unser Gehirn ist bereit für sinnliches Vergnügen. Im limbischen System sind die Rezeptoren angesiedelt, die die Genuss-Impulse aufgreifen und Glückshormone im Körper ausschütten. Dadurch ist der Mensch von Natur aus empfänglich für sinnliche Gelüste. Mein griechischer Lieblingsphilosoph Epikur hat den Genuss als Grundlage des lustvollen Lebens bezeichnet, das nötig ist, um glücklich zu sein.

Die Genussforscherin und Psychologieprofessorin Tanja Hoff aus Nürnberg, hat übrigens festgestellt, dass in Deutschland etwa 25 Prozent der Bevölkerung überhaupt nicht genussfähig sind, manchmal ausgelöst durch eine Unfähigkeit, sich zu freuen, oder eine Depression. Die genussfähigsten Menschen trifft man vor allem in den südlichen Bundesländern an (juchhu, ich lebe in Bayern!). Meine These dazu: Die barock-katholischen Süddeutschen können besser genießen als die der protestantischen Arbeitsethik verpflichteten Norddeutschen.

Die Studie hat auch belegt, dass das Genussempfinden von Frauen differenzierter und anspruchsvoller ist als das von Männern. Verknüpft ist der Genuss mit Fähigkeiten wie, sich Muße und Entspannung zu gönnen. Als genussfeindlich gelten Eile, Hektik und Stress. Die Nürnberger Studie unterscheidet vier Genusstypen: 1. Die Couchgenießer (36 Prozent), die vor allem Ruhe brauchen, neudeutsch nennt man das Cocooning. 2. Die Geschmacksgenießer (27 Prozent), die stundenlang mit Freunden am Esstisch sitzen können. 3. Die Erlebnisgenießer (17 Prozent), die es nach draußen zieht, zu Sport und Natur. 4. Die Alltagsgenießer (17 Prozent), die einfach alles prima finden.

Mach doch mal einen kleinen Selbsttest: Welche Situationen kannst du genießen? Wann fühlst du dich einfach wohl? Was empfindest du als wonnig? Oder köstlich? Wann bist du vergnügt?

Schreib alle Situationen auf und ordne sie dann den Genusstypen zu. Wo findest du dich am ehesten wieder? Jetzt verstehst du vielleicht auch, warum du anderen Aktivitäten, die einigen deiner Bekannten Freude machen, nichts abgewinnen kannst.

Bei mir überwiegen ganz klar die Typen 1 und 2. Mich zieht es nicht hinaus in die Natur. Ich will keine Radltouren machen. Und ich will auch nicht den Jakobsweg gehen. Meditieren kann ich zu Hause. Ich bin glücklich auf meiner Couch, gerne mit netten Menschen zusammen, indem wir uns etwas Schönes zum Essen oder Trinken gönnen und reden, reden, reden. (Eigentlich müsste ich eine eigene Freitagabend-Talkshow bekommen, da machen die nichts anderes.)

Ich weiß nicht, wie es dir geht, aber mich hat dieses Forschungsergebnis total erleichtert. Es hat mir wieder bestätigt: Ich bin nicht falsch, ich bin richtig, wie ich bin. Ich bin vielleicht nicht so, wie die aktuellen Trends Marathonlaufen und Walderkundungen nahelegen. Die gute

Nachricht: Anhänger dieser Trends sind auch richtig. Und gar keine Spinner. Und noch eine Erkenntnis, die bestätigt wurde: Ich bin nicht dick geworden durch das, was ich genieße. Sondern durch das, was ich lustlos und gestresst in mich hineingestopft habe.

Freude schöner Götterfunken

Bekommst du auch jedes Mal Gänsehaut, wenn du die ›Ode an die Freude‹ auf Beethovens 9. Symphonie hörst? Meine Lieblingsstelle heißt »Freude heißt die starke Feder in der ewigen Natur. Freude, Freude treibt die Räder in der großen Weltenuhr«. Freude ist eine starke positive Emotion und führt zu länger anhaltenden Glücksgefühlen. Die Frage ist: Wie bereitest du dir Freude? Und wie oft gönnst du dir etwas?

Vor Kurzem ist nach einem Vortrag eine Frau auf mich zugekommen, die mich herzlich mit den Worten umarmt hat: »Seit ich bei Ihnen im Seminar war, nehme ich wirklich Klavierunterricht. Als ich an dem Tag nach Hause gekommen bin, habe ich sofort meine Nachbarin gefragt, ob sie mich unterrichten kann.« Ich erinnere mich an Kathrin, Mitte 40, verheiratet, ein Sohn, die erzählt hatte, dass sie viel zu viel arbeite und zu wenig Zeit für sich habe. Seit zwei Jahren spielt sie jetzt Klavier. Sie hat nicht den Ehrgeiz, jemals vor Publikum aufzutreten. Sie tut es für sich, weil es ihr Herz erfreut.

Nimm dir Kathrin zum Vorbild. Überleg dir, was dein Herz (wieder) erfreuen würde. Schreib auf, was dir im Leben Spaß bereitet hat, sei es in der Kindheit, in der Jugend, noch vor Kurzem oder wozu du einfach schon lange nicht mehr gekommen bist. Und dann überleg: Was will ich tatsächlich für mich tun? Was bekomme ich hin?

Was packe ich an? Was werde ich nicht mehr verschieben? Und dann stell deinen Plan auf.

Ich habe Anfang 2018 begonnen zu malen. Die Demenz meines Mannes hatte sich verschlimmert, ich war verzweifelt und habe mir Hilfe bei einem Coach gesucht. Sie erzählte mir, dass die Angehörigen von Demenzkranken selbst krank werden, wenn sie sich aufopfern und zu wenig für sich tun. Und sie fragte mich:»Was wollten Sie immer schon mal ausprobieren? Was bereitet Ihnen Vergnügen?« Ich wusste sofort: Malen! Ich habe mir ein Malzimmer eingerichtet, mit Staffelei, großen Leinwänden, einem Schrank voller herrlicher Acrylfarben und einem Set Pinsel.

Glaub mir, dass war das Beste, was mir passieren konnte. Es war eine Überlebenshilfe. Ich habe viele der Abende, die ich für Siegfried da war, genutzt, um zu malen. Es tat mir unendlich gut. Ich wurde ausgeglichener und auch gelassener im Umgang mit meinem Mann.

Ich mochte meine Bilder, habe mich gefreut, was da spontan und impulsiv entstand. Vor lauter Begeisterung habe ich Fotos davon auf Facebook gestellt und tolles Feedback bekommen. Eine Facebook-Bekannte hat mich auf eine Galeristin in Berlin aufmerksam gemacht, die Künstler für eine Ausstellung suchte. Ich habe tatsächlich die Galeristin angeschrieben mit der Überschrift »Zwischen Genie und Größenwahn« (so habe ich mich gefühlt). Sie fragte nach meinem Portfolio.

Ich schrieb zurück:»Das ist ein bisschen schwierig, ein Portfolio ist nicht direkt vorhanden. Ich weiß nicht, ob es bei Ihnen als Ausbildung gilt, wenn man geschätzt 300 schlaflose Nächte mit Bob Ross verbracht hat.« (Kennst du noch Bob Ross? Ein amerikanischer Maler, der nachts im Bayerischen Fernsehen seine Maltechnik vorgestellt hat).

Die Galeristin schrieb: Nein, das würde nicht reichen, aber ich solle ihr doch Fotos von meinen Bildern schicken. Und dann war ich dabei! Es folgten Ausstellungen und Kunstmessen in München, Zürich, Salzburg, Hamburg – und Hongkong. Mittlerweile organisiere ich mit anderen Künstlerinnen zusammen eigene Ausstellungen (auf meiner asgodom-art-Seite kannst du meine Werke sehen.)

Das eigentliche Ziel war und ist aber, etwas zu tun, was meine Leidenschaft weckt. Ihr wisst, wenn wir uns selbst etwas Gutes tun, profitieren auch andere davon. Wenn wir fröhlich sind, können andere mit fröhlich sein!

Wer anderen eine Freude macht ...

Und damit kommen wir zum nächsten Glücksbringer. Wenn wir jemand anderem eine Freude machen, hält das Glücksgefühl länger an, als wenn wir uns selbst etwas Gutes tun. Das haben Studien bewiesen. Was lernen wir daraus: Mach jemand anderen froh, dann freust du dich sowieso.

Kennst du das alte Sprichwort: Kleine Geschenke erhalten die Freundschaft? Das wichtigste Wort dabei ist »kleine«. In einer Weiterbildung mit dem bekannten Paartherapeuten und Bestsellerautor John Gottman habe ich gelernt, dass es die kleinen Gesten sind, die eine Beziehung haltbar machen.

→ Im Vorbeigehen dem Partner zärtlich über den Rücken streicheln.

→ Einer traurigen Freundin ihr Lieblingsessen kochen.

→ An wichtigen Gedenktagen die Liebsten anrufen.
→ Einen Zeitungsartikel mit Infos ausreißen, die der
  andere brauchen kann.
→ Seinen Lieblingspullover stopfen, damit er ihn
  wieder anziehen kann.
→ Die Mülltonnen der alten Nachbarin abends mit
  vor die Tür stellen, wenn am nächsten Tag die
  Müllabfuhr kommt.

Das Sprichwort gilt genauso für gute Beziehungen zu
Menschen im Beruf. Schon eine kleine Aufmerksamkeit
kann das Verhältnis zu Mitarbeitern und Kollegen nachhaltig verbessern. Stell dir vor, eine Kollegin, mit der du
dich nicht allzu gut verstehst, hat am nächsten Tag ein
schwieriges Gespräch. Sie muss irgendetwas verkaufen
oder geradebiegen. Wenn du dann morgen früh bei ihr
vorbeigehst, ihr Schokolade auf den Tisch legst und sagst:
»Für dich, du brauchst heute Kraft«, dann wird sie sich
vielleicht wundern und denken:»Was ist denn jetzt los?«,
aber ich garantiere dir: Sie wird sich freuen. Probiere das
mal aus: Mach mit kleinen Dingen deinen Mitmenschen
eine Freude. Du wirst sehen: Es macht auch dich glücklich. Einige Ideen dazu:
→ Leg der Kollegin eine lustige Karte hin, über die sie
  lachen kann.
→ Stell der Chefin/dem Chef morgens mit einem
  Lächeln einen Muffin hin (oder meinetwegen
  ein Schüsselchen Trauben).
→ Bring deiner gestressten Kollegin die Post mit,
  damit sie nicht selbst gehen muss.
→ Grüße Kollegen freundlich, denen du im Flur
  begegnest.

→ Lächle Menschen zu, denen du begegnest, auch wenn du sie nicht kennst. Du strahlst damit gleichzeitig nach innen.

Du siehst, es kostet meistens nichts, anderen eine Freude zu machen. Es braucht nur ein bisschen Aufmerksamkeit und Wohlwollen. Selbst wenn der andere dir jetzt nicht auf Knien dankt (es gibt Büffel), freu dich an deiner Geste.

Dankbarkeit macht glücklich

Eine weitere ganz wunderbare Option, um selbst etwas für unsere positiven Emotionen zu tun, ist Dankbarkeit! Denn Wissenschaftler haben festgestellt, dass der Glücksfaktor bei demjenigen, der sich bedankt, sogar höher ist, als bei dem, dem der Dank entgegengebracht wird. Der freut sich natürlich auch, aber bei uns läuft noch viel mehr ab: Wir bedanken uns, wir erleben die Reaktion des Gegenübers und denken dann: Hey, das war jetzt gut! Okay, manche freuen sich nicht, da kann man nichts machen. Aber wir haben unser Glückskonto aufgestockt. Probier doch gleich bei der nächsten Gelegenheit mal aus, wie glücklich Dankbarkeit macht.

Es ist so einfach, sich auf diese Weise glücklich zu machen. Ich mache das dauernd. Wenn ich in den Bus einsteige, bedanke ich mich, dass der Busfahrer die Tür aufgemacht hat. Im Flieger bedanke ich mich bei der Stewardess für den Service. Kürzlich reiste ich mit Lufthansa in der Businessclass und sagte: »Sie haben doch sicher so eine Art Gästebuch, in das man als Kundin etwas reinschreiben kann?« Die Flugbegleiterin antwortete wie aus der Pistole geschossen: »Möchten Sie sich beschweren?« »Nein«, sagte ich, »ich wollte mich bedanken.« Aber damit rechnet offensichtlich niemand. Sie brachte mir strahlend ein Formular.

Noch ein paar Worte zu einer Einstellung (neudeutsch: Mindset), die unserem Leben mehr Freude bringen kann. Ich vergleiche das Leben gern mit einem Tennisspiel. Wie der Schlag auf unsere Seite des Lebens erfolgt, können wir nicht beeinflussen. Manchmal kommt er unbequem oder verstörend. Aber wie wir darauf reagieren, das liegt in unserer Hand. Wir sind für den Return verantwortlich. Und da ist es entscheidend, wie wir stehen, ob wir eine gute Technik haben, ob wir voller Kraft sind und den richtigen Schwung haben.

Es gibt Dinge im Leben, die finden wir nicht klasse, es gibt Dinge, die uns traurig stimmen. Kennen wir alle. Aber wie wir damit umgehen, das macht den Unterschied. Einer Definition zufolge sind Optimisten Menschen, die im Nachhinein einen Sinn in den Dingen sehen, die ihnen geschehen. Klingt plausibel.

Im nächsten Kapitel erfährst du neben den vier Seligman-Ansätzen von meiner Methode, wie du dein Glücksgefühl ganz enorm steigern kannst, nämlich wenn du stolz auf dich bist.

Riskiere, du selbst zu sein

Als ich in den Neunzigerjahren angefangen habe, Vorträge zu halten, habe ich auf der Bühne immer den Bauch eingezogen. Ich dachte, dann würde ich schlanker wirken. Weißt du, was passiert, wenn man den Bauch einzieht? Du atmest flach, nur in die Brust und bekommst nicht genug Luft. Und wenn du keine Luft hast, wird deine

Stimme immer höher. So ging es mir. Ich wurde immer quietschiger. Irgendwann haben meine Zuhörer bestimmt gedacht:»Warum ist die Dicke auf der Bühne so hysterisch?« Dabei war ich gar nicht hysterisch, ich bekam nur keine Luft.

Also habe ich mit dem Baucheinziehen wieder aufgehört. Es hatte sowieso nichts geholfen. Von vorne sieht man das nämlich gar nicht. Um schlanker zu wirken, hätte ich die Hüften zusammenziehen müssen, aber das kriegst du mit Atemtechnik nicht hin. Und glaub mir, seit ich mich auf der Bühne so akzeptiere, wie ich bin, akzeptieren mich auch meine Zuhörer.

In letzter Zeit stand ich zweimal auf der Bühne in der Lanxess Arena in Köln – vor jeweils 15 000 Zuhörern. Das ist schon ein Erlebnis. Manche jüngeren Kollegen, die ebenfalls auftraten, hatten vorher schon ganz schön Muffensausen. Ich trat auf die Bühne und habe es nur genossen. Ich wusste, was ich in den 20 Minuten sagen wollte, ich habe es gesagt. Ich habe die Zuhörer wahrgenommen und die Resonanz gespürt. Ich habe sie ernst genommen und sie zum Lachen gebracht. Sie haben mir Standing Ovations gegeben. Wisst ihr, was da zwischen mir und dem Publikum geflossen ist? Liebe! (Wenn Du ein Gefühl für diese Gänsehaut-Stimmung bekommen willst, kannst du auf YouTube die beiden Vorträge anschauen.)

Glaub mir, wenn du ganz bei dir bist, dich magst und dir vertraust, überträgt sich das auf andere Menschen. Wenn du respektiert und anerkannt sein willst, fang immer bei dir selbst an: Versuche, dich selbst wahrzunehmen und zu achten, so, wie du bist. Das bedeutet im Umkehrschluss: Hör auf, dich selbst zu verachten und ständig zu kritisieren. Klingt gut? Ist schwierig? Ja und nein. Bisher hast du es vielleicht nicht geschafft, von dir selbst zu schwärmen. Vielleicht neigst auch du dazu, Lob oder Komplimente abzuwehren:»Ach, war doch gar nicht so toll.« – »Ich wollte eigentlich auch noch ...« – Oder auch du sagst den Lieblings-Abwehrsatz vieler Frauen:»Das war doch ganz einfach.« Die gute Nachricht: Du kannst lernen, dich zu mögen und dich zu achten. Sei deine eigene Ehrenfrau.

Und lass dich nicht von deinem inneren Kritiker terrorisieren. Der österreichische Psychologe Michael Lehofer fragt sich in seinem Buch ›Mit mir sein‹, warum wir uns auch noch mit uns selbst plagten, wo uns doch das Leben auch so schon viele Herausforderungen stelle. Er spricht vom »inneren Kommentator« und nimmt damit Bezug auf Jiddu Krishnamurti, der diesen zweiten in uns, der uns nie in Ruhe lasse und alles kommentiere, den »Beobachter des Beobachters« nennt:»Nichts ist ihm gut genug. Nichts geht ihm schnell genug. Überhaupt alles, im Allgemeinen und im Besonderen, ist nicht gut genug. Er bewertet, und er tut es, weil er Angst hat.«

Gerade neulich habe ich eine Klientin gecoacht, die mit der Frage kam:»Wie kann ich besser mit Neid und Ablehnung umgehen?« Nennen wir sie Bianca, 39 Jahre alt, verheiratet, zwei Grundschulkinder. Sie ist Medizinerin, hat aber nach der Geburt ihrer ersten Tochter ihre Stelle als Ärztin in einem Krankenhaus aufgegeben.

Ich frage nach:»Wo erleben Sie Neid und Ablehnung?« Bianca überlegt lange, ihre Augen wandern durch den Raum, sie seufzt hörbar, und dann sagt sie:»Ich glaube, es geht gar nicht um die Ablehnung von anderen. Ich selbst kritisiere mich ständig, nach innen und nach außen. Also wann immer ich eine Idee habe, mache ich sie mir selbst schlecht. Findet jemand anderes gut, was ich tue, versuche ich, ihn zu überzeugen, dass es noch viel besser hätte sein können.«

In die Mitte eines großen Blattes Papier zeichne ich mit einfachen Strichen einen »inneren Kritiker«, eine missmutige Figur mit harten Augen, und frage sie: »Was sagt Ihr innerer Kritiker Ihnen denn so?«

Bianca starrt die Zeichnung an, ihre Augen werden feucht, und es bricht aus ihr heraus: »Du bist nicht gut genug. Du kannst nicht genug. Du weißt nicht, was du willst. Du hast versagt. Du kannst nicht durchhalten. Du bist eine Niete.«

Ich schreibe alle Aussagen links neben die Zeichnung. »Und was machen diese Sätze mit Ihnen?« Sie wischt sich die Augen und schnaubt. »Ja, sie rauben mir das Selbstbewusstsein. Ich fühle mich mies. Und ich verliere den Mut, meine beruflichen Pläne auszuarbeiten. Ich will das nicht mehr!«

»Was haben Sie für Pläne?«

»Ich möchte gerne anderen Frauen helfen, sich aktiv um ihre Gesundheit zu kümmern. Ich habe schon einige Weiterbildungen gemacht, habe auch schon Frauen beraten. Die waren sehr zufrieden. Aber ich scheue seit Monaten, mich an meine Website zu wagen.«

Ich zeichne dem inneren Kritiker jetzt eine lustige Brille ins Gesicht, eine rosafarbene Positiv-Brille. »Was wünschen Sie sich von Ihrem Kritiker? Mit welchen Augen soll er Sie anschauen? Wie kann er Sie konstruktiv unterstützen?«

Bianca lächelt das erste Mal. Und jetzt schreibe ich auf die rechte Seite ihre Wünsche, die sie mit verträumtem Gesichtsausdruck formuliert: »Er soll mit Liebe auf mich schauen. Er soll manchmal einfach die Klappe halten. Er soll mich achten. Und respektieren, dass ich bin, wie ich bin. Er darf mir gerne Schwachstellen meines Plans aufzeigen, aber nicht immer gleich alles in die Tonne treten, verdammt noch mal.«

Jetzt strahlt Bianca. Ich frage sie:»Reicht das erst mal, damit Sie sich selbst lieber mögen und gut mit sich umgehen?« Sie nickt. Und dann darf sie sich eine Patin für ihr Vorhaben aussuchen. Eine wohlwollende Begleiterin, die sie regelmäßig danach fragen wird, wie es ihr geht und ob ihr innerer Kritiker seine liebevolle Brille noch aufhat. Aber Bianca hatte schnell erkannt, dass die übertriebene Selbstkritik ihr schadete und dass sie einen neuen Ansatz für sich brauchte.

Was ich in Coachings faszinierend finde: Die Klientinnen bringen die Antwort auf ihre Fragen fast immer selbst mit. Ich nenne das die innere Weisheit. Auch du hast deine eigene innere Weisheit: Im Prinzip weißt du, was du möchtest, was dir guttut, womit du aufhören willst. Doch es braucht die Möglichkeit, es aussprechen zu können. Du brauchst Zeit für dich selbst, um innezuhalten, nachzudenken, dich zu entspannen, kreativ zu werden und auf deine innere Weisheit zu hören.

Ich habe mal eine Art Wahrscheinlichkeitsrechnung aufgeschrieben. Wie wahrscheinlich ist es, dass du das, was du dir vornimmst, wirklich veränderst?

→ Wenn du nur darüber nachdenkst,
  sehe ich sie bei 20 Prozent.
→ Wenn du es aufschreibst, erhöht sich die
  Wahrscheinlichkeit auf 40 Prozent.
→ Wenn du jemandem davon erzählst,
  erhöht sie sich auf 60 Prozent.

→ Und wenn du dir einen Paten/eine Patin dafür suchst, erhöht sie sich auf 80 Prozent.
→ 100 Prozent gibt es nach meiner Erfahrung nicht.

Riskiere, dich zu mögen. Riskiere, anders zu sein, als deine Eltern, die Gesellschaft, deine Partnerin/dein Partner dich haben wollen. Und erkenne, was dich davon abhalten könnte. Denn wir sind ja nicht zu doof, unser Queensize-Leben zu finden. Wir sind ja nicht zu schwach, um unser eigenes Königinnenreich aufzubauen. Sondern wir verlieren uns oft in Ambivalenzen. Einige Beispiele:

»Ja, ich möchte, dass nach meinen Spielregeln gespielt wird. Aber mag mich dann noch jemand?«

»Ja, ich möchte sagen, was ich denke. Aber werde ich dann nicht von den anderen fertiggemacht?«

»Ja, ich möchte beruflich erfolgreicher werden. Aber finden mich Männer dann noch attraktiv?«

»Ja, ich möchte mich selbstständig machen. Aber was, wenn ich keine Kunden finde?«

»Ja, ich möchte kürzertreten im Beruf. Aber verliere ich dann die Gunst meiner Chefin?«

»Ja, ich möchte, dass meine Kinder selbstbestimmt und angstfrei aufwachsen. Aber bekomme ich dann Probleme in der Schule und mit anderen Eltern?«

Ambivalenz ist die Schiffschaukel der Ängste. Es ist ein uraltes Phänomen. Wir schwanken zwischen Autonomie und Abhängigkeit. Zwischen Distanz und Nähe. Zwischen Selbstbestimmung und Gemeinschaft. Zwischen Mut und Schiss. Das gilt für große Lebensfragen wie für kleine Sehnsüchte.

Schwing den Aber-Besen

Mit Anfang 40 arbeitete ich ja neben meinem festen Job als Redakteurin auch freiberuflich als Buchautorin, Trainerin und Coach. Jeder außer mir erwartete sehr bald, dass ich mich selbstständig machen würde. Doch ich hatte so viele »Abers« im Kopf:

→ Aber wenn ich nicht genügend Kunden finde?
→ Aber wenn das Geld nicht reicht?
→ Aber wenn ich das gar nicht kann?
→ Aber wenn die Zeiten schlechter werden?
→ Aber wie soll ich das mit meinen Kindern schaffen?
→ Aber dann muss ich ja so viel reisen?

Von Bedenkenträgerinnen in meinem Bekanntenkreis kamen noch ein paar »Abers« dazu:

→ Aber du hast doch so einen tollen Job.
→ Aber bist du dafür nicht zu alt?
→ Aber warum kannst du dich nicht bescheiden?
→ Aber was sagt dein Mann dazu?

Sieben Jahre führte ich dieses Doppelleben: Montag bis Donnerstag Redakteurin, am Wochenende Seminare oder Buchschreiben. Bis es mich fast zerriss. Als Erstes fiel das meinen Kolleginnen auf. »Was ist los mit dir, du lachst ja gar nicht mehr?« Ich spürte selbst, dass beides zu viel war. Doch die Angst vor den »Abers« überwog: Also reduzierte ich die Wochenendaufträge. Schon nach wenigen Monaten spürte ich: Ich habe das Falsche aufgegeben. Endlich traute ich mich, ins (ja gar nicht mehr so) kalte Wasser zu springen. Und kündigte. Im Nachhinein eine der besten Entscheidungen meines Lebens.

Warum erzähle ich dir diese Geschichte? Sie ist ein Beispiel dafür, wie uns viele vermeintlich gewichtige »Abers« den Spaß verderben können. Und deswegen habe ich den »Aber-Besen« erfunden. Mit seiner Hilfe kannst du deine »Abers« auf ihre Berechtigung abklopfen. Und zwar im wahrsten Sinne des Wortes, ich habe dafür extra Bleistifte mit einem kleinen Besen daran anfertigen lassen. Wie das geht? Schreibe dein Ziel als Überschrift auf ein großes Blatt Papier. Dann liste darunter alle »Abers« auf, die dir einfallen. Es können deine eigenen Befürchtungen sein oder die »Abers« die dir besorgte Mitmenschen (s. o., auch Bedenkenträger/innen genannt), ins Hirn gepflanzt haben. Keine Angst vor der Macht des Aufschreibens. Wenn du deine Gedanken einmal aufgeschrieben hast, fällt es leichter, sie kritisch zu hinterfragen.

Schau dir jetzt jedes »Aber« aufmerksam an: Ist es nur ein Hirngespinst und du musst selbst lachen, dass du es ernst genommen hast? Dann streich es einfach kräftig durch.

Oder steht da ein »Aber«, das du wirklich ernst nehmen kannst? Solche gibt es durchaus. Also ich finde, wenn jemand nach Australien auswandern und dort einen Würstelstand aufmachen will, sollte er zumindest etwas Englisch sprechen können. Und wissen, ob Australier deutsche Würste mögen. Auf seinem Aber-Bogen könnte er notieren: Englischkurs machen, Markt checken.

Wenn du also das Gefühl hast, dir fehlen noch Informationen, du musst dich kundig machen, du brauchst ein Konzept oder einen Plan, du hättest gern jemanden, der dich begleitet, du müsstest noch etwas lernen oder erfragen, du musst dich noch besser vorbereiten – dann schreib das alles zu den einzelnen »Abers« dazu. Und wenn du schließlich das Gefühl hast, du hast die Bedenken ernst genommen und Lösungen dazugeschrieben, dann hake jedes einzelne »Aber« ab. Du weißt jetzt, was zu tun ist. Schreib möglichst Termine zu den Vorhaben, bis wann du was erledigen wirst.

Du kannst dir vielleicht jetzt schon vorstellen, wie befreiend diese Aber-Arbeit sein kann: Diffuse Ängste werden benannt, Einwände anderer kannst du ernst nehmen oder abhaken, du hast einen Plan und wirst dein Vorhaben nicht auf den Sanktnimmerleinstag verschieben.

Du verstehst das Prinzip? Nach meiner Erfahrung eignet es sich besonders gut für alle Themen, die der Selbstliebe und Selbstakzeptanz bedürfen. Ob es um die Akzeptanz deines Körpers, deiner Fähigkeiten, deiner Wünsche oder deiner vermeintlichen Schwächen geht.

Wenn du deinen Verstand einmal auf die Selbstakzeptanz-Spur gesetzt hast, wirst du nach und nach merken, dass manche früher ach so wichtigen Themen plötzlich an Bedeutung verlieren. Na und? Ja, dann ist es so. Ja, dann bin ich so. Vielleicht kennst du den Spruch:»Ich bin nicht auf der Welt, um so zu sein, wie andere mich haben wollen!« Japp! Daumen hoch, Smiley, Küsschen. Wenn sie dich haben wollen, dann müssen sie dich nehmen, wie du bist. Dich gibt's nur in dieser Ausgabe, Queensize eben. Königliches Grinsen.

Das Gewicht auf der Goldwaage

Du weißt vielleicht schon, dass mein Gewicht ein beständiges Thema in meinem Leben war, okay, um ehrlich zu sein, ist. Ich erinnere mich an eine Situation, in der ich erkannte, dass ich die Kränkungen, die mit meinem Gewicht verbunden waren, endgültig überwunden habe. Ich war vor Jahren mit meiner Tochter in einem New Yorker Museum in einer Goldausstellung. Gold der Maya, Gold der Inkas, Goldnuggets, es war absolut faszinierend. Am Ende dieser Ausstellung, schon am Ausgang, stand eine wunderschöne alte gusseiserne Personenwaage. Sie hatte ein modernes Display, das zeigte das Gewicht umgerechnet im Goldpreis an.

Ich sah zu, wie Familien daran vorbeigingen: Daddy stellte sich auf die Waage, und es erschien eine schöne Zahl. Mom und die Kinder freuten sich und applaudierten. Keine einzige Frau hat sich, während ich zusah, auf die Goldwaage getraut. Da dachte ich, euch zeig ich's! Ich habe meiner Tochter meine Tasche gegeben – ich wollte ja nicht schummeln – und habe mich auf die Waage gestellt. Sie zeigte: 4,8 Millionen Dollar! Also, mein Gewicht, aufgewogen in Gold! Die Besucher um mich herum kreischten begeistert. Aber das war es nicht, was die Situation für mich so besonders gemacht hat.

An diesem Tag im Museum habe ich mich getraut, mich vor unzähligen Menschen öffentlich zu wiegen. Ich habe es riskiert, ich selbst zu sein, statt mich zu verstecken. Das war das umwerfende, befreiende Gefühl. Öffentliches Wiegen ist für jede dicke Frau, die ich kenne, Höchststrafe. (Für mich war es vor ewigen Zeiten ein Grund, bei den Weight Watchers aufzuhören. Denn da rief die eine Wiege-Wache der anderen zu: »Schreib mal: Asgodom, eineinhalb Kilo mehr!« Ich fand das unwürdig.)

Mir wurde in diesem Museum klar: Wenn die Scham verschwindet, wächst die Freiheit. Und diese neue Freiheit habe ich von diesem Tag an genossen. Ich weiß nicht, ob ich mich wenig später auf eine neue Liebe eingelassen hätte, ohne dieses großartige Erlebnis. Denn wie kann man sich auf einen Mann wirklich einlassen, wenn man sich lieber versteckt?

Dank der Selbsterkenntnis und Selbstakzeptanz wurde ich »Ich« auf der Bühne, unverkrampft, selbstbewusst, spontan, lustig. Dadurch sprach ich die Menschen klarer und direkter an, stand zu mir und meiner Meinung. Traute mich viel mehr, überzeugte und wurde die erfolgreiche Rednerin, die ich heute bin.

Ich empfehle Selbstakzeptanz statt Selbstoptimierung

Deshalb möchte ich dir noch einen wichtigen Gedanken mitgeben: Wir leben ja in einer Zeit der Selbstoptimierung, Frauen detoxen und laufen Halbmarathon, sie wollen immer besser und möglichst anders werden, lassen sich durch ihre Uhren erinnern oder durch Apps, vergleichen sich dabei ständig mit anderen und bewundern stringente Vorbilder. Das kann man alles machen. Vergiss dabei aber bitte nicht die Selbstakzeptanz. Du bist okay, wie du bist. Du wirst nicht erst jemand, du bist schon wer. Und zwar die beste Ausgabe von dir, die derzeit möglich ist. Optimierung hat in meiner Beobachtung immer auch mit von außen eingeredeten Defiziten zu tun, und ich glaube einfach nicht, dass Menschen glücklich sind, die immer nur auf der Jagd nach dem optimierten Selbst sind. Tu Dinge, die dir guttun, die dich glücklich machen, und achte dabei immer darauf, ob du deinen innersten Wünschen folgst oder ob du den Erwartungen anderer gerecht werden möchtest. Ich bin überzeugt davon, dass mehr Akzeptanz unseres Selbst die Schichten sprengt, die unsere Selbstachtung verhindern.

Zur Selbstakzeptanz gehört nach meiner Erfahrung die Fähigkeit dazu, sich schwach fühlen zu dürfen und Hilfe anzunehmen.

Ich habe mir letztes Jahr eine wunderschöne Reise zu den antiken Stätten Griechenlands gegönnt: Athen, Olympia, Delphi, Nauplia, Mykene. Leider war ich gehandicapt wegen eines geschredderten Meniskus im rechten Knie. Nicht gut. Gar nicht gut. Die alten Griechen haben doch tatsächlich alle ihre Burgen und Heiligtümer auf Hügel gebaut. Wie unpraktisch. Das hieß, schmale Wege den Berg hinaufkraxeln und Treppen, Treppen, Treppen. Am ersten Tag quälte ich mich hinauf, hangelte mich hinab. Und dann geschah etwas Wunderbares.

Ich war mit einer Gruppe von Studienreisenden unterwegs, die im Schnitt gefühlt 70 waren. Aber topfit. Als sie meine Behinderung bemerkten, nahmen einige mich unter ihre Fittiche. Bei den vermaledeiten Treppenstufen auf die Akropolis, nahmen mich zwei von ihnen links und rechts und hievten mich hinauf oder hinunter. Eine Dame wartete oft auf mich, wenn ich nicht so schnell hinterherhinken konnte, und reservierte mir einen der wenigen Museumshocker.

Die Griechenland-Tour war eine Herausforderung für mich. Hilfe annehmen können gehört nämlich nicht zu meinen ausgeprägtesten Charaktereigenschaften. Ich habe in diesen zehn Tagen gelernt, mich für meine Hilfsbedürftigkeit nicht mehr zu schämen. Heute stehe ich auf Geschäftsreisen mit großer Selbstverständlichkeit vor jeder ICE-Tür und blinzle einen jungen Mann an, damit er mir meinen Koffer reinhebt. (Das kann ich gut, mein

Mann hat mal gesagt, wenn ich etwas bräuchte, würde ich wie ein Welpe schauen. Und er hat trocken hinzugefügt »Der erste Hund mit Brille.«) Kleiner Tipp, wenn auch du trainieren möchtest, Hilfe anzunehmen: Über 50-jährige Männer brauchst du nach meiner ICE-Erfahrung nicht fragen, die haben entweder einen »Ich-ignoriere-dich-nicht-mal-Blick« oder »Rücken«.

Und da schließt sich der Bogen zur Queen of fucking everything. Denn du weißt natürlich auch, dass das Ich nichts ohne das Wir ist. Was wäre zum Beispiel der göttliche, einzigartige Freddie Mercury ohne Brian May, Roger Taylor und John Deacon gewesen, die sich zusammen »Queen« nannten (schönes Beispiel, verdanke ich meinem Sohn). Die Musik dieser britischen Rockband steht für Vielfalt: »Another One Bites the Dust« oder »We Are the Champions« und natürlich die »Bohemian Rhapsody«. Wusstest du, dass alle Bandmitglieder wesentlich am Songwriting beteiligt waren? Eine echte Queen-Einstellung. Oder wie die Amerikaner sagen würden: »Das We ist das neue Me.«

Ich habe inzwischen viele Männer und Frauen begleitet, die es mit der Zeit geschafft haben, sie selbst zu sein und sich schließlich mit ihrem So-Sein sogar zu mögen. Manchmal hilft das kleine Wort »obwohl«. Es gibt einen hilfreichen Zufriedenheits-Boost, wenn du sagen kannst: »Ich liebe mich, obwohl ich nicht perfekt bin. Ich liebe mich, obwohl ich nicht den Erwartungen anderer entspreche. Ich liebe mich mit allen meinen Fehlern.« So kannst du dem inneren Kritiker etwas entgegensetzen. Denn er kann recht hartnäckig sein. In meiner unsicheren Zeit hat er mir manches Erlebnis verhagelt.

Zum Beispiel die Freude über mein erstes Buch. Ich

wurde eingeladen nach Hamburg in eine Talkshow, um es dort zu präsentieren. Als Allererstes habe ich mir also für diesen Auftritt ein Fernsehkleid gekauft: schilfgrüne Seide, breite Schulterpolster – wir befinden uns Anfang der Neunzigerjahre –, und das Schönste an diesem Kleid, es hatte eine Längspasse. Du weißt ja, längs streckt: Ich sah elfenschlank aus in diesem Kleid. Ich habe es also gekauft, angezogen und bin nach Hamburg geflogen. Das Kleid war die Katastrophe, Seide der völlig falsche Stoff in einem Fernsehstudio. Ich saß jedenfalls eineinhalb Stunden wie ein Vollidiot in der Gästerunde und sah zu, wie die anderen Gäste sich, ihre Filme und ihre Bücher toll präsentierten. Mein großer Auftritt war misslungen. Dafür hatte jemand anderes den Auftritt seines Lebens: mein innerer Kritiker. Der hat mich fertiggemacht: »Siehst du, das hast du jetzt davon, dass du das Maul nicht aufmachst, du fette Kuh!« So ging das ohne Punkt und Komma. (Die Vollversion dieser Erfahrung kannst du dir auf YouTube ansehen, Vorsicht Mascara-Alarm – es gibt viel zu lachen.)

Du bekommst meistens eine zweite Chance

Der Grüne-Kleid-Abend war einer der schrecklichsten meines Lebens, aber ich habe ihn überlebt – und ich habe viel aus ihm gelernt. Nicht nur, dass man keine Seide in einem Fernsehstudio trägt und sich besser vorbereiten sollte. Vor allem habe ich gelernt: Du bekommst meistens eine zweite Chance. Und wenn du dich ganz doof an- stellst, vielleicht sogar eine dritte und vierte. Du musst dich nur trauen, dich überwinden, nach einer Niederlage noch mal anzutreten. Als ich das nächste Mal eine Einladung in eine Talkshow erhielt, dachte ich im ersten Moment:»Niemals, ich mache mich doch nicht noch mal zum Affen!« Aber hätte ich tatsächlich Nein gesagt, wäre ich heute vielleicht nicht da, wo ich bin. Manche Menschen treten nach einem Missgeschick den Rückzug an. Aber wir lernen Dinge nur, wenn wir sie tun. Wer Rednerin werden will, muss reden, wer Schriftstellerin werden will, muss schreiben. Es bringt nichts, allein davon zu träumen. Oder einen Kurs nach dem anderen zu machen, aber sich nie zu trauen, sich auszuprobieren.

Ich habe gelernt: Mach es! In der zweiten TV-Sendung war ich immer noch nicht der große Bringer, aber ich konnte schon atmen, in der achten Show hatte ich zum ersten Mal das Gefühl:»Hey, das macht mir Spaß!« Nach vielen Jahren, Wagnissen und halbguten Auftritten hatte ich es also geschafft. 2013 hatte ich dann im Bayerischen Fernsehen sogar eine eigene Coachingsendung. Wenn ich wirklich etwas gelernt habe, dann: Trau dich, sag ja! Tu es, um etwas zu lernen. Und nicht: Nee, lieber doch nicht …

Wenn du die Schichten nach und nach abtragen willst, die dein starkes Ich verdecken, brauchst du Möglichkeiten, dich auszuprobieren. Wie heißt der alte Kalenderspruch:»Wenn du das tust, was du immer getan hast, wirst du das bekommen, was du immer bekommen hast.« Klingt schrecklich banal und ist herrlich richtig. Dafür brauchst du im Prinzip nur zwei Worte: Ja und Nein. Fangen wir mit »Nein« an. Wenn dich jemand um etwas bittet, zu dem du keine Zeit, keine Lust oder keine Kraft hast, probier es doch mal mit Nein sagen. Der Autor Reinhard

Sprenger hat einmal geschrieben: »Stress entsteht, wenn du nein denkst und ja sagst.« Ich finde, es gibt keine bessere Definition von Stress.

Bestimmt kennst du solche Situationen, in denen du Nein denkst, aber kein Nein herausbringst. Jemand möchte mit dir irgendwo hingehen, du sollst jemandem bei irgendetwas helfen, du sollst eine Aufgabe übernehmen, du sollst etwas erledigen, was eigentlich nicht deine Sache ist. Widerstrebend sagst du, »Jaaaaa, okayyyyy«. Und könntest dich schon dafür ohrfeigen. Hier ein kleines Hilfsmittel für solche Situationen. Gewöhn dir an, immer als Erstes einen Satz wie folgenden zu sagen: »Das passt leider nicht in meine aktuelle Planung, ich sehe mal, ob ich da was machen kann. Ich sage dir Bescheid.«

Was hast du davon:

→ Du gewinnst Zeit zum Überlegen, egal ob drei Minuten oder einen Tag.

→ Du kannst abwägen, ist es dir wichtig genug, Nein zu sagen?

→ Gibt es gute Gründe, doch Ja zu sagen?

→ Was könnte schlimmstenfalls passieren, wenn du Nein sagst?

→ Was könnte bestenfalls dabei herauskommen, wenn du Nein sagst?

→ Du kannst dir in deinen Kalender in der angefragten Zeit einen anderen Termin eintragen, zum Beispiel: Dienstag, 19 bis 21 Uhr, Treffen mit ... (hier setzt du deine eigenen Initialen ein). Dann kannst du zurückrufen und sagen: »Ich kann meinen Termin leider nicht verschieben.«

So hast du eine ganz andere Überzeugungskraft, als wenn du rumeierst.

117

→ Du kannst wenigstens einmal ausprobieren, was geschieht, wenn du dich traust. Und du wirst sehen: nix Schlimmes.

Nein sagen ist also wichtig. Doch noch viel wichtiger finde ich es, mutig Ja zu sagen, um ein erfülltes Leben zu führen. Ich wäre keine Rednerin und Trainerin geworden, hätte ich nicht vor 27 Jahren Ja gesagt, als ich nach Erscheinen meines ersten Buchs gefragt wurde, ob ich nicht mal einen Workshop geben könnte. Und dann: Ob ich nicht mal einen Vortrag halten könnte.

Es gibt ja Menschen, die sind vernunftgesteuert, die setzen sich Ziele, machen Pläne, sind diszipliniert und eifrig. Dann gibt es Menschen, die sind gefühlsgesteuert, feinfühlig und aufmerksam, sie müssen sich wohlfühlen und hören auf ihr Bauchgefühl. Ich gehöre eher in die dritte Kategorie: Ich bin impulsgesteuert. Ich höre etwas, lese etwas, mir fällt etwas ein, und dann stürme ich los. Zwischenzeitlich hatte ich mal mehr als 100 Domains gesichert, da ich mich für so viele Begriffe begeistern konnte.

Vor einigen Jahren hatte ich plötzlich den Impuls, ich bräuchte ein eigenes Parfum. Jeder Star hat sein eigenes Parfum, oder? Also nicht nur einen Flakon für mich. Ich dachte eher an 1000 Flakons. Ich hatte schließlich 12 000 Abonnenten meines Newsletters. Da würden doch wohl 1000 ein Parfum von mir haben wollen – dachte ich.

Falsch gedacht. Finanziell war diese Idee leider der totale Reinfall. Grandios gescheitert, würden die einen sicherlich sagen. Doch so sehe ich das nicht. Ich habe mir meinen Traum erfüllt. Ich bin ungefähr plus minus null aus dem Geschäft herausgekommen, und klüger als je zuvor. Ich habe unter anderem gelernt, dass eine Marketingabteilung und ein funktionierender Versand ganz günstig wären, um etwas zu verkaufen, echt. Ich habe die Geschichte in Vorträgen erzählen können, was immer viele Lacher gebracht hat. Und was haben Kolleginnen und Freunde gesagt: Typisch Sabine. Ist der Ruf erst ruiniert ...

Queensize-Tipps
1. Riskiere, du selbst zu sein.
2. Mach doch, was du willst.
3. Und lerne draus.
4. Vernünftig kannst du sein, wenn du tot bist.

Es lebe die Königin!

Kennst du den Song von Robbie Williams, in dem es darum geht, wie sehr er sein Leben liebt und wie er sich durch die Geburt seiner Tochter fühlt – powerful, beautiful, free. Dieses schwungvolle Lied endet mit den Zeilen

I am wonderful

I am magical

I am me.

Eigentlich könnte dieses Kapitel hier schon zu Ende sein. Besser kann man's fast nicht sagen. Sing einfach diese Zeilen von Robbie Williams so lange mit, bis du sie von dir selbst glaubst. Ganz so einfach ist es leider nicht, seufz. Aber so schwer ist es auch wieder nicht, ein fröhliches Queensize-Leben zu führen.

In diesem Kapitel möchte ich dir zeigen, wie du stolz auf dich sein kannst, ohne arrogant zu werden. Vielleicht bist du auch mit dem Vorurteil aufgewachsen, Stolz sei eine Todsünde und komme direkt vor der Arroganz. Das ist schlicht und einfach falsch. Stolz ist etwas völlig anderes als Arroganz. Stolz heißt nichts anderes, als sich an sich selbst zu erfreuen. Zu Arroganz fällt mir spontan der typische Hochgezogene-Augenbrauen-Scannerblick ein, mit dem mich Verkäuferinnen in piekfeinen Boutiquen gerne bedenken. Ich vermute, du weißt, wovon ich spreche. Arroganz braucht kein Mensch! Aber Stolz ist etwas Gutes. Ich habe neulich eine schöne Definition gelesen, mit der wir uns das Stolzsein vielleicht eher erlauben: Stolz ist die Freude am Erreichten. Und glaube mir, wenn wir von Dingen erzählen, die uns gelungen sind, freuen sich die meisten Menschen mit. Stolz erzeugt also auch Nähe und Wärme.

So wie dieser Stolz-Arroganz-Irrtum begleiten uns viele falsche Annahmen, die uns von klein auf eingepflanzt wurden. Die schlimmste von allen ist: Eigenlob stinkt! Dazu kamen diese doppelten Botschaften: Erst hat dich deine Mama als kleines Mädel am Sonntag rausgeputzt, und wenn du dich dann stolz und glücklich im Spiegel gedreht hast, hieß es: »Sei nicht so eitel!« Hä, ja was denn nun? Ziel des Königinnenlebens ist die Selbstverständlichkeit, sich zu mögen und wertzuschätzen. Wie sollen wir die Anerkennung und den Respekt von anderen bekommen, wenn wir uns selbst nicht schätzen und respektieren? In den Achtzigerjahren wurde ein Gedicht in Frauenkreisen weitergereicht, das mir auch geholfen hat, meinen Weg zum Selbstbewusstsein zu finden. Schade, dass es ein bisschen in Vergessenheit geraten ist. Meine Lieblingsstelle darin heißt:

»Dein Kleinmachen dient nicht der Welt. Es zeugt nicht von Erleuchtung, dich zurückzunehmen, nur damit sich andere um dich herum nicht verunsichert fühlen.« Dies schreibt die amerikanische Schriftstellerin Marianne Williamson in ihrem Gedicht »Unsere größte Angst«. Ich liebe diese Zeilen. Sie haben mich ermutigt, zu meinen Fähigkeiten zu stehen. Denn ich war sehr leicht zu verunsichern. Wie bereits erwähnt, habe ich als Jugendliche auch Gedichte geschrieben. Eines Tages habe ich die gesammelten Gedichte einem Freund geschickt, den ich sehr mochte und für seine Klugheit bewunderte, mit der Bitte mir zu sagen, wie er sie findet. Nach einer Woche schickte er sie mir zurück – mit Schulnoten versehen. Ich war bis ins Mark erschüttert. Die beste Note war eine Drei minus, die anderen Vier und Fünf. Ich habe von diesem Tag an keine Gedichte mehr geschrieben. Mein Selbstbild als Lyrikerin war zerstört, ach was, zermalmt, pulverisiert, ausgelöscht.

Das Schlimmste war, ich hatte mir meinen Richter selbst gesucht. Den Besten im Mathezweig. Super. Kennst du diesen Hang von Frauen, sich richterliche Urteile einzusammeln? »Wie findest du meine neue Frisur?« – »Hat dir mein Vortrag gefallen? – »Habe ich unser Anliegen gut rübergebracht?« – »Kann ich dieses Kleid heute Abend anziehen?«

Was machen wir da? Sind wir eigentlich verrückt geworden? Wir haben sie doch nicht mehr alle! Wenn die Antwort positiv ist, sind wir froh. Wenn wir ganz bekloppt sind, stellen wir sie selbst dann noch infrage: »Wirklich?« Aber was, wenn eine kritische Äußerung kommt? Dann treten wir unser Selbstbewusstsein in die Tonne. Ich wette, auch du kannst dich auf Anhieb an drei Situationen erinnern, in denen du durch ein Feedback völlig verunsichert wurdest. Mein Lieblingsfeedback Klamotten betreffend: »Heute siehst du aber mal gut aus.« Und sonst, wie ein Penner, ey?

Übrigens: Dreißig Jahre später habe ich den Freund wiedergetroffen und habe ihn gefragt: »Warum hast du meine Gedichte damals so zerfetzt?« Er konnte sich gar nicht mehr daran erinnern. Als ich ihm von seiner Schulnotenbewertung erzählt habe, meinte er nur:»Wahrscheinlich, weil ich in deinen Gedichten nicht vorkam.« Heul, schluchz. Das kann doch nicht wahr sein – durch die gekränkte Eitelkeit eines Schulbuben ist eine junge Dichterinnenkarriere brutal gestoppt worden. Was lernen wir daraus: Frag einfach nicht!

Raus aus der Feedback-Falle

Carol Dweck, eine amerikanische Lernforscherin und Psychologieprofessorin, beschreibt in ihrem Buch ›Selbstbild‹, dass sich sogar berühmte Kolleginnen, gefeierte Psychologieprofessorinnen auf dem Höhepunkt ihres Erfolgs, niedermachen lassen. Da reicht eine Bemerkung, ein schlechter Scherz, und das Selbstbild kippt. Dweck erklärt das mit der Sozialisation von Kindern.

Danach waren viele Frauen als kleine, brave Mädchen perfekt, sie wurden gelobt, weil sie so süß, so wohlerzogen, so hilfsbereit, so fleißig waren. Mädchen lernen dadurch, der Meinung anderer zu vertrauen. Und damit, so Dweck, geraten sie in die Feedback-Falle.

Jungs dagegen werden viel öfter getadelt und bestraft. In Grundschulklassen, so Studien, werden Jungs acht Mal so häufig kritisiert und zurechtgewiesen wie Mädchen. Jungs beschimpfen sich auch gegenseitig viel öfter als Vollidiot oder Depp. Die Meinung anderer verliert für Jungs so an Wirkung. Sie »scheißen sich nix«, wie es in Bayern heißt.

Für mich haben die Forschungsergebnisse ein Scheunentor im Kopf geöffnet für eine ganze Menge an Erkenntnissen. Die hervorstechendste: Wie viele mittelmäßige bis miserable männliche Redner habe ich schon gehört. Die gehen von der Bühne und es ist ihnen völlig egal, ob sie gut oder schlecht waren. Sie denken nicht mal über diese Frage nach. Und eine Frau? Sie traut sich oft gar nicht erst auf die Bühne, weil sie Angst hat, eventuell, vielleicht, irgendwie nicht gut genug zu sein. Eines der größten Hindernisse für Frauen ist ihr Perfektionswahn. »Be perfect or die.« Merkst du was? Wir haben noch viel zu lernen. (Ein weiteres großes Hindernis besteht übrigens in den Köpfen von Männern: Sie empfehlen als Mitredner andere Männer. Ihnen fällt gar nicht auf, dass wieder mal keine Rednerin auf dem Kongress dabei ist. Sie haben offensichtlich kein Defizitgefühl.)

Von Carol Dweck stammt auch die Beschreibung eines »starren« und eines »dynamischen« Selbstbilds. Sie hat erforscht, dass es kleinen Mädchen gar nicht guttut, zu oft bestätigt zu bekommen, wie hinreißend sie sind. Sie lernen dabei vor allem, dass sie etwas Besonderes und anderen überlegen sind. Und gleichzeitig lernen sie, dass sie perfekt sein *müssen*. (Ich weiß jetzt, warum ich die Prinzessinnen-T-Shirts für kleine Mädchen immer schon schrecklich fand.)

»Du bist die Beste« hörte auch ich in der Grundschulzeit. Ja, ich war gut. Aber was für eine Belastung war das, als ich aufs Gymnasium kam und unter lauter »Besten« nicht mehr die Nummer eins war? Mein Selbstbild erstarrte und ich schämte mich für meine Durchschnittlichkeit. Menschen mit einem starren Selbstbild glauben, sie sind, wie sie sind und sie könnten daran nichts ändern. Ich war nach einigen Jahren Gymnasium fest überzeugt, ich sei nicht intellektuell genug, schade. Und mein Abiturzeugnis war dann auch so lala.

Vermitteln Eltern ihren Töchtern dagegen die Zuversicht, dass sie durch Fleiß und Dranbleiben Dinge lernen werden, die sie jetzt noch nicht können, so prägen diese Mädchen Dweck zufolge ein dynamisches Selbstbild aus. Frauen mit einem dynamischen Selbstbild freuen sich über Herausforderungen, die ihnen erlauben werden, Grenzen zu überschreiten. Und sie wachsen an den Herausforderungen.

Wenn du dich also weiter in Richtung »Queen of fucking everything« entwickeln willst, dann brauchst du die Erkenntnis, dass du dich verändern kannst, und die Bereitschaft, es zu tun. Das Wichtigste dabei ist, dass dein Selbstbild es zulässt. Dabei hilft die große Erlaubnis: Ich muss nicht perfekt sein, ich darf Fehler machen. Und ich werde durch Lernen und Ausprobieren Dinge in meinem Leben verändern können.

Ich verrate dir jetzt mal etwas (sag's bitte nicht meinem Verlag): Als ich den Vertrag für dieses Buch unterzeichnet hatte, fiel ich gnadenlos in mein altes starres Selbstbild zurück. Ich konnte nicht loslegen. Ich war überzeugt, dass ich nicht gut genug schreiben kann (ich habe ja nur 34 Bücher veröffentlicht, aber dieses Wissen half mir nichts). Was, wenn sich jetzt herausstellen würde, dass ich gar nichts weiß und nichts zu sagen hätte?

Ich habe mir echt in die Hose gemacht. Wochenlang war ich in absoluter Schockstarre. Ich saß vor dem Computer und meine Finger waren wie gelähmt, genau wie mein Hirn. Stattdessen habe ich tagelang Freecell gespielt (dafür braucht man nur einen Zeigefinger). Das macht erst richtig schön blöd. Eines Nachts hatte ich einen fürchterlichen Albtraum: dass die Finger an meiner rechten Hand schrumpften und die an der linken gleich ganz abgehackt waren. Und ohne Finger konnte ich kein Buch schreiben. Ich war wirklich kurz davor, den Vertrag zu kündigen und den Vorschuss zurückzuzahlen. Das wäre zwar feige, aber ich könnte wenigstens nicht scheitern und so mein Selbstbild von der erfolgreichen Autorin aufrechterhalten, ohne es erneut beweisen zu müssen.

Viele Gespräche mit meinen Kindern, lange Telefonate mit Freunden und die Unterstützung meiner Lektorin haben mir geholfen, aus der Panik herauszukommen. Die wichtigste Hilfe war aber ein Poster, was ich mir selbst gemalt und über meinen Schreibtisch gehängt habe. Darauf steht: »Es ist _nur_ ein Buch, keine Doktorarbeit!« Das »nur« dick unterstrichen.

Vielleicht kennst du solche Anfälle von Selbstzweifeln oder, noch schlimmer, diese Angst, eine Hochstaplerin zu sein. Eine englische Studie hat schon vor 25 Jahren gezeigt: Circa zehn Prozent aller Frauen fürchten, dass sich irgendwann herausstellen könnte, dass sie gar nicht können, was sie seit Jahren beruflich tun. Krass. Und gerade ist ein französisches Buch sehr erfolgreich, das sich mit diesem Phänomen des Hochstapler-Syndroms befasst. Danach kündigen Frauen sogar ihre Stelle, wenn sie befürchten, dass sie irgendwann »auffliegen«.

Carol Dweck (die mich offensichtlich kennt) schreibt dazu: »Menschen mit einem dynamischen Selbstbild erleben das Prickeln der Anfangsphase, doch sie erwarten keine Zauberei. Sie wissen, dass sie sich Mühe geben müssen.« Und sie hat Trost parat: Meistens sind wir eine Mischung aus starrem und dynamischem Selbstbild. Je nach Situation herrscht das eine oder das andere vor. Und allein dadurch, dass wir uns Gedanken machen über das dynamische Selbstbild, geben wir uns die Chance, anders an Dinge heranzugehen. Wir erkennen dann auch, dass die Anzahl der gelungenen Taten weitaus höher ist als die Zahl unserer Fehler. »Shit happens«, natürlich machen wir auch mal etwas falsch. Nur sollte das uns nicht in die ewige Selbstverdammnis führen.

Was uns bei einem gelungenen Fehlermanagement hilft: Stelle bei negativen Bemerkungen und Kritik eine Distanz her zwischen dir als Person und deinem Handeln. Beispiele:

→ Nur weil du zwei Kommafehler in einem Brief übersehen hast, bist du kein dummer Mensch.

→ Weil du eine Verabredung vergessen hast, bist du noch keine schlechte Freundin. So etwas passiert!

→ Ja, vielleicht hast du in der Verhandlung nicht die richtigen Argumente gefunden, aber deswegen bis du keine Idiotin.

→ Dein Artikel für die Fachzeitschrift ist abgelehnt worden? Hock dich hin und überarbeite ihn!

Wenn du aus dem inneren Idioten-Status herauskommst, hast du die Chance, Dinge beim nächsten Mal zu verändern. Sich selbst beschimpfen, kostet Energie. Sich vorzunehmen, beim nächsten Mal besser zu handeln, bringt Energie. Das Wichtigste ist also, zwischen Sein und Handeln zu unterscheiden. Die gute Nachricht: Unser Hirn ist dazu in der Lage. Wir können lernen, aus der Selbstverdammnis herauszukommen und den Fokus aufs alternative Handeln zu legen.

Schöner scheitern

Du wirst sicher mal etwas nicht erreichen.
Du wirst dir oft erfolglos vorkommen.
Manchmal wirst du eine echte Memme sein.
Na und!
Heult die Löwin in der Nacht, weil sie das Gnu nicht
erwischt hat?
Geht das Eichhörnchen nicht auf Nusssuche, weil
es regnet?
Fliegt die Biene nicht aus, weil es am Abend vorher
spät geworden ist?
Wir Menschen sind Teil der Natur.
Darum nutze die Kraft, die dir gegeben ist,
um schlechte Zeiten zu überstehen,
für gute zu arbeiten,
und die besten zu feiern.

Sabine Asgodom

Ich frage Frauen, die sich einen Fehler nicht verzeihen
können, immer:»Wie ist es zu diesem Fehler gekommen?«
Und dann sammeln wir ganz sachlich Infos dazu, wie
»Ich war an dem Tag spät dran« oder »Ich habe versäumt,
noch mal nachzufragen« oder »Ich hätte Unterstützung
gebraucht, habe mich aber nicht getraut zu fragen.«
Im zweiten Schritt überlegen wir dann gemeinsam, wie
sich ein solcher Fehler in Zukunft vermeiden lässt. Also,
was kann sie das nächste Mal anders machen? Worauf
wird sie achten? Und schon sind wir auf der dynamischen
Seite der Lösungsfindung. Und die Frau kann sich verzeihen. Das ist Fehlermanagement im Queensize-Format.

Ähnlich arbeite ich mit Nachwuchsführungsfrauen. Frauen, die eine Führungsposition bekommen, haben oft Angst davor, Entscheidungsfehler zu machen. Anstatt ihnen das auszureden, bestärke ich sie in diesem Gedanken.»Ja, natürlich werden Ihnen Fehler unterlaufen. Jeder Mensch macht Fehler.« Und dann frage ich, wie viele Fehler sie wohl in den ersten drei Monaten machen würden. Nach längerer Überlegung antworten die meisten zögernd:»Drei? Oder fünf?«

Ich beglückwünsche sie zu dieser Einsicht. Dafür bekommen sie von mir fünf schöne Glasmurmeln in einem Satinsäckchen. Ich bitte sie, dieses Säckchen auf ihrem Schreibtisch zu deponieren.»Und wenn Sie den ersten Fehler gemacht haben, dürfen Sie eine Murmel herausnehmen. Dann müssen Sie nur noch vier machen.« Du verstehst? Ich ernte immer einen Lacher – und Lachen löst Stress auf.

Die Gruppe mit dem höchsten Selbstabwertungs-Potenzial sind nach meiner Erfahrung Mütter. Wie Andrea, 41. Sie erzählt im Rahmen eines Seminars, dass sie so eine schlechte Mutter sei. Wenn ihre vierjährige Tochter Emma sie provoziere, und das tue sie derzeit ständig, habe Andrea sich einfach nicht im Griff, wie sie sagt.»Wenn Emma nicht darf, was sie will, dann stellt sie sich breitbeinig vor mich und schreit mich an, dass ich eine böse Mutter sei und sie mich hasse. Vor allem morgens, bevor wir in den Kindergarten gehen. Dann werde ich auch fuchsteufelswild und schreie sie ebenfalls an. Ich schäme mich so dafür. Ich müsste das doch ruhig und gelassen lösen können. Ich fühle mich wie eine Versagerin, und dann sage ich:›Emma, ich bin wirklich eine Scheiß-Mutter.‹«

»Stopp«, sage ich.»Hör bitte als Erstes auf, dich selbst zu

beschimpfen. Und damit deinem Kind diese Macht über dich zu geben. Du bist lediglich eine Mutter, die noch keine Strategie gefunden hat, wie sie mit ihrer wütenden Tochter klarkommt. Da bist du sicher nicht die Einzige. Was würdest du denn in der Situation am liebsten machen?«

»Am liebsten würde ich weglaufen, aber das geht ja nicht.«

»Kannst du dich der Situation sonst irgendwie entziehen, indem du ins Bad oder ins Schlafzimmer gehst?«

Andrea wird darüber nachdenken.

Vier Wochen später frage ich nach, wie es ihr geht. Sie ist total fröhlich, als hätte es das Problem nie gegeben. »Wenn Emma ihren Anfall kriegt, ziehe ich mich hinter den Küchentresen zurück, so kann sie mich zwar noch sehen, aber wir stehen uns nicht mehr gegenüber. Und dann fange an zu singen. Mein Lieblingslied ist ›Theater, Theater‹ von Katja Epstein. Mein Mann singt inzwischen mit.«

Du siehst, es gibt für (fast) alles eine Strategie. Das Wichtigste dabei ist, mit den Selbstvorwürfen aufzuhören: Ich bin eine schlechte Mutter; ich müsste das können; ich kann doch nicht immer ...; ich bin zu blöd, zu schwach zu faul. Und dann gilt es, Selbstbewusstsein und Selbstvertrauen aufzubauen.

Stärken stärken

Das Wissen um unsere Stärken hilft uns, ein Queensize-Leben zu führen, das ist ein weiteres wissenschaftliches Ergebnis der Positiven Psychologie. Und zwar mehr, als uns in unseren Schwächen zu suhlen. Das Wissen um unsere Stärken bringt uns Selbstbewusstsein. Manchmal haben Frauen einen arg eingeschränkten Zugang zu ihren Fähigkeiten, sie unterschätzen ihre Leistung, wie sollen sie dann selbstbewusst auftreten? Wusstest du, dass auch junge Frauen in Vorstellungs- und Gehaltsgesprächen immer noch weniger Geld verlangen als ihre männlichen Mitbewerber? Und fragst du eine Frau nach ihren größten Stärken, nennt sie oft schwache Begriffe wie zuverlässig, pünktlich, ordentlich ...

Manchmal hilft ein Spiel, uns selbst auf die Schliche zu kommen. Weil Spiele die Vernunft- und Bescheidenheitsbremse im Kopf ausschalten und kreativ machen. Zum Beispiel gelingt das mit der Übung »Faces«, einem Coachingtool, das durch Fotografien von Gesichtern sofort Assoziationen und spontane Gedanken auslöst. Professor Robert Biswas-Diener sagt dazu: »Bilder sind das Transportmittel der Gefühle.« So ist es. Hast du Lust mitzuspielen?

Auf den Seiten 133 bis 148 findest du dreißig Gesichter von Männern, Frauen und Kindern. Such dir bitte spontan das Bild aus, das dir am sympathischsten ist. Ob Mann oder Frau, Erwachsener oder Kind spielt keine Rolle. Dann nimm dir ein Blatt Papier und schreibe sieben Minuten lang auf:

→ Was du an dieser Person magst,
→ was ihr Gesicht über ihre Charaktereigenschaften sagt,
→ was sie richtig gut kann,
→ wie sie wohl im Umgang mit anderen Menschen ist,
→ was ihr Warum ist,
→ was sie gern macht,

→ wobei sie Spaß hat,
→ was ihre Kollegen und/oder Freunde
von ihr halten.

Sieben Minuten erscheinen lang, versuch bitte, wirklich die Zeit zu nutzen, lass deine Gedanken schweifen und schreib alles auf, was dir einfällt.

Sind die sieben Minuten rum? Hast du fleißig aufgeschrieben? Gut, dann darfst du dich jetzt kurz ausruhen. Ich erzähle dir eine Geschichte.

Greta ist 49, sie hat ein kleines IT-Unternehmen in Berlin mit guten Kunden. Greta ist jeden Tag zehn bis zwölf Stunden im Büro, sie kontrolliert alles, was ihre Angestellten erarbeiten, und gibt allem anschließend noch mal den 120-Prozent-Schliff. Greta ist unzufrieden

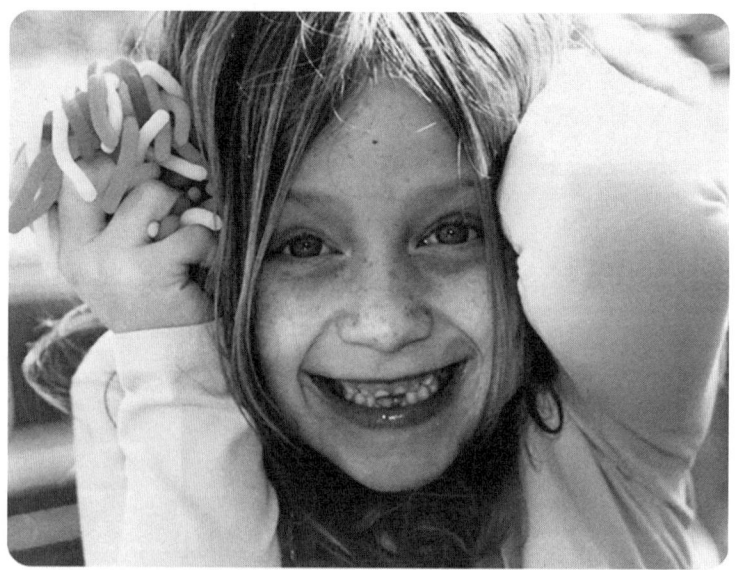

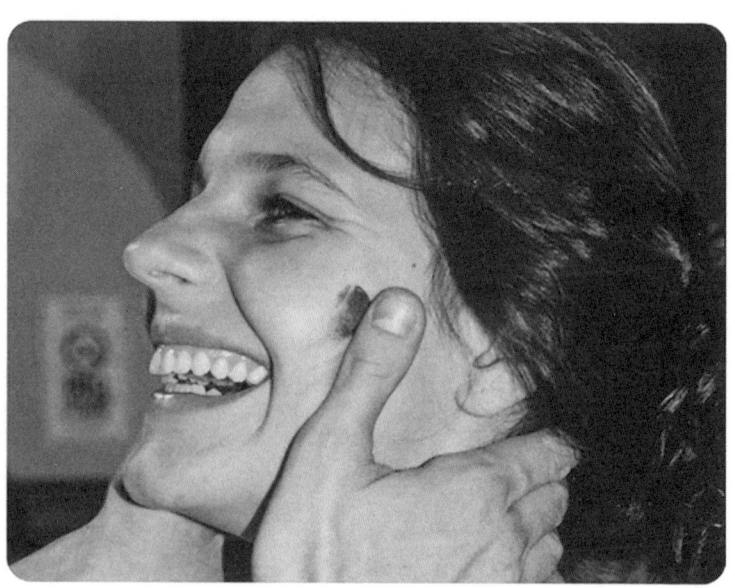

mit sich und ihrem Erfolg. Sie würde viel lieber noch mal etwas Neues wagen, zum Beispiel Großgruppen-Seminare veranstalten. Aber sie traut sich nicht. Als ich sie nach ihren Stärken frage, stottert sie herum: »Na ja, ich mache irgendwie alles, ich kann viel, deshalb glaube ich ja auch, dass ich anderen was beibringen könnte. Aber dann zweifle ich doch wieder, ob die mich akzeptieren würden.« Hilfe, Selbstzweifel-Alarm!

Ich verteile 65 Gesichter-Bildkarten auf einem Tisch. Greta soll sich das Bild heraussuchen, das ihr am sympathischsten ist. Sie wählt das Bild eines lächelnden Mannes mit langen Haaren, Bart und einer Gesichtsbemalung.

Jetzt soll sie beschreiben, was sie an diesem Menschen

mag, wie er wohl ist, was er wohl kann, was seine Kollegen und/oder Freunde von ihm sagen etc. Sie fängt zögerlich an, hat aber die ganze Zeit ein Lächeln im Gesicht, während sie das Bild anschaut. Ich schreibe auf, was sie über das Bild sagt:

> Er ist humorvoll und lacht gern.
> Er mag sich und andere Menschen.
> Er hat schon viel erlebt.
> Er geht offen auf andere Menschen zu.
> Er ist kommunikativ.
> Von dem möchte man in den Arm genommen werden, wenn es einem schlecht geht.
> Er schert sich nicht, was andere über ihn denken.
> Er hat im Beruf mit Menschen zu tun und kann sie begeistern.
> Seine Kollegen sagen, den kannst du immer was fragen.
> Der sorgt für gute Stimmung im Büro.
> Er ist unkonventionell und innovativ.
> Er ist hilfsbereit. Seine Freunde wissen, sie können sich auf ihn verlassen.
> Er kann gut reden.

Greta strahlt immer noch, sie fühlt sich offensichtlich von diesem Gesicht angezogen. Sie hat keine Ahnung, was jetzt kommt. Ich gebe ihr das Blatt, auf dem ich ihre Aussagen notiert habe und sage:»Jetzt legen Sie das Foto vor sich hin und lesen bitte die Aussagen in der Ich-Form vor.« Greta beginnt:

> Ich bin humorvoll und lache gern.
> Ich mag mich und andere Menschen.
> Ich habe schon viel erlebt.

149

> Ich gehe offen auf andere Menschen zu.

> Ich bin kommunikativ ...

Schon beim Vorlesen der ersten Aussagen laufen ihr ein paar Tränen übers Gesicht. Nicht weil sie traurig ist, sondern tief berührt. Als sie geendet hat, sagt sie völlig aufgewühlt:»Ja, so bin ich. Das stimmt alles. Ich weiß, dass ich auch so bin.« Sie nickt leidenschaftlich.

»Und was sagt Ihnen das zu der Frage, ob Sie Seminare halten können?« In Gretas Gesicht macht sich ein zufriedenes Grinsen breit.»Na klar kann ich das,« sagt sie.»Ich weiß, wie man Menschen begeistert.«

Damit ist die Bahn frei. Jetzt können wir Strategien entwickeln, welche Themen sie für ihre Seminare anbieten will, wer ihre Zielgruppe ist, mit welchen Veranstaltern oder Unternehmen sie kooperieren kann. Die eigenen Stärken kennen macht glücklich.

Ich kann dir versichern, es ist immer, ja wirklich immer eine Beschreibung unserer selbst, die wir zum Foto des uns sympathischen Menschen abgeben. Die Erkenntnis haut manche um. Und andere wissen schon beim Aufschreiben, wohin der Hase läuft, und grinsen sich eins.

Wie war es bei dir? Hast du wirklich erst ein Foto ausgesucht und die Eigenschaften aufgeschrieben? Und dann weitergelesen? Dann schnapp dir dein Blatt und lies die Aufzählung in der Ich-Form vor. Schau, was mit dir passiert.

Oder hast du erst mal weitergelesen und denkst jetzt, ach Spielverderberin, jetzt weiß ich ja schon, was hinter dem Spiel steckt, das bringt doch nichts mehr. Hey, ich bin Coach, natürlich habe ich für dich eine Alternative. Nämlich die: Such dir aus den Fotoseiten dein Lieblingsgesicht heraus. Und bitte jetzt einen anderen Menschen, der dich vielleicht gar nicht so gut kennt, dir die Fragen zu dem Foto zu beantworten (siehe oben). Und dann schau mal, wie viele der Eigenschaften und Fähigkeiten auf dich zutreffen. Du wirst dich wundern. Nach meinen Erfahrungen treffen zwischen 80 und 90 Prozent der Attribute auf dich zu.

Im nächsten Kapitel erfährst du, wie du mit deinem neuen dynamischen Selbstbewusstsein dein Queensize-Leben gestalten kannst.

Queensize-Tipps

1. Lerne, von dir selbst zu schwärmen. Du bist es wert.
2. Sprich von dir wie über deine liebste Freundin. Gib dir die Ehre.
3. Rede über deine Stärken und deine Erfolge. Zeig dich. Mach den Mund auf und wirke!

Mut zu starken Gefühlen

»Da werden Weiber zu Hyänen, und treiben mit Entsetzen Scherz ...« Wie oft habe ich in meiner Kindheit meinen Vater diese Schiller-Worte zitieren hören. Und zwar immer dann, wenn meine Mutter mal wirklich sauer war. Und er fuhr fort: »Gefährlich ist's, den Leu zu wecken, verderblich ist des Tigers Zahn ...« Meist musste meine Mutter dann lachen und vergaß ihren Ärger. Wundert es dich, dass ich ein halbes Leben gebraucht habe, um meinem Ärger Luft zu machen, mal zu schreien, mich lautstark zu wehren?

So wie mir geht es vielen Frauen. Ihnen fällt es schwer, ihrem Ärger Luft zu machen, den Tiger rauszulassen (siehe oben). Doch das ist möglich, trotz deiner Kindheitserfahrungen – und der Kindheit deiner Eltern. Ja, du hast richtig gelesen – trotz der Kindheit deiner Eltern. Niemand tut etwas ohne Grund – das gilt für das Verhalten deiner Eltern genauso. Wenn wir uns mit unserem Leben versöhnen wollen, ihm den Queensize-Status verschaffen wollen, liegt der Schlüssel dazu oft im Verstehen, Versöhnen und Vergeben. Manchmal müssen wir etwas weiter zurückgehen, um Ursachen zu erkennen und

Einstellungen zu verändern. Fangen wir mit einem Beispiel aus meiner Trainer-Praxis an.

Silke, eine sympathische Frau, Mitte 40, kommt aus einer norddeutschen Kleinstadt, »gleich hinterm Deich«, wie sie lachend sagt. Sie lacht sehr viel und wird in der Seminargruppe von allen gemocht, denn sie strahlt immer gute Laune aus. Während einer Übung erzählt sie mit einem lauten Lachen, dass ihr Mann seit Jahren nicht mehr mit ihr redet.

»Was heißt das, er redet nicht mehr mit dir?« (In Seminaren duzen wir uns im Gegensatz zum Coaching immer.) Silke lacht. »Ja, immer weniger eben. Er erzählt nichts aus seiner Arbeit, sitzt schweigend beim Essen. Wenn wir uns mit Freunden treffen, sagt er meist auch nicht viel.«

»Seit wann ist das so?«

Silke lacht. »Kann ich gar nicht so genau sagen, ist nur so immer weniger geworden.«

»Hast du ihn schon mal darauf angesprochen?«

»Ja, schon oft. Aber dann sagt er meist, frag mich nicht, oder er schüttelt nur den Kopf.« Sie lacht.

Ihr Lachen tut mir im Herzen weh. Ich frage direkt: »Wenn du nicht lachen würdest, während du uns das erzählst, welches Gefühl würde in dir vorherrschen?«

Sofort schießen ihr Tränen in die Augen, strömen über ihr Gesicht.

Ich reiche ihr ein Taschentuch. »Sind das Tränen der Trauer oder der Wut, die da hervorschießen?«, frage ich sanft.

Sie wischt die Tränen ab, putzt sich die Nase, schaut kurz vor sich hin, hört offensichtlich in sich hinein und sagt leise: »Es ist Zorn.«

Und dann erzählt sie uns, wie zornig sie auf ihren Mann

ist, der sich immer mehr zurückzieht. Sie hat das Gefühl, dass er sie aus seinem Alltag ausschließt. Nur wenn sie gemeinsam im Urlaub sind, ist er wie früher. Dann schöpft sie stets aufs Neue Mut, dass alles wieder gut wird. Aber kaum sind sie zurück hinterm Deich, wird er wieder schweigsam. Und in ihr wächst der Zorn – auf ihn, auf ihr Leben.

»Das Problem ist nicht das Problem. Das Problem ist deine Einstellung zu dem Problem. Verstehst du?«
Captain Jack Sparrow im Film ›Fluch der Karibik‹

Aber eins hat sie in ihrer Kindheit gelernt, wie sie uns dann erzählt:»Zorn darf man niemals zeigen, jedenfalls nicht als Mädchen. Deshalb habe ich wohl gelernt, meinen Zorn zu unterdrücken.«

Zorn entsteht aus nicht gestillten Bedürfnissen, zum Beispiel in der Kindheit, und hinterlässt einen quälenden Schmerz, sagen Psychologen. Der Zorn beherrscht den Menschen, sorgt für Unzufriedenheit und Groll gegenüber dem Verursacher, aber auch gegenüber anderen Menschen, die das Gefühl wachrufen. Er zeigt sich eher in einem bohrenden inneren Gefühl als in einer bewussten Handlung, die etwas verändern will. Klugscheißer-Modus aus.

Leider haben vor allem in meiner Generation viele Eltern das Zeigen von Unmut oder Unzufriedenheit bei ihren Kindern bestraft. Vor allem die kleine Tochter hatte sich zu fügen und dankbar zu sein. In meiner Familie gibt es eine Geschichte, die meine Mutter immer mal wieder bei Familientreffen lachend zum Besten gegeben hat. Ich war wohl knapp ein Jahr alt und saß mit der Familie beim Abendbrot. Ich hatte ein Schälchen Grießbrei vor mir, wollte aber wohl lieber den Krautsalat, den die anderen aßen. Meine Mutter erzählte:»Du hast dich trotzig nach hinten geworfen und geschrien. Da habe ich dich gepackt, habe dir einen Klapps auf den Po gegeben, und dich nebenan ins Bett gelegt und die Tür zugemacht. Als ich wieder in die Küche kam, schwiegen dein Vater und deine drei Brüder und sahen mich nicht an. Irgendwann sagte Klaus: ›Wenn ich mal Mama bin, und du Kind, dann haue ich dich noch viel mehr.‹« Klaus war der jüngste meiner drei älteren Brüder.

Ich habe mich immer gewundert, mit welcher Fröhlichkeit meine Mutter diese Geschichte erzählt hat, sie wollte wohl damit zeigen, dass ich immer schon einen eigenen Kopf hatte. Leider habe ich lange Zeit ins Gelächter eingestimmt, das sich daraus ergab. Ich musste über 50 werden, um zu spüren, wie zornig mich diese Geschichte macht. So wird der Wille von Kindern gebrochen. So werden sie gefügig gemacht, angepasst, leicht lenkbar.

Ich habe meine Mutter später einmal darauf angesprochen und bekam ein lapidares:»So war das damals, wir wussten es ja nicht anders.« Und mit einem Lachen:»Na, geschadet hat es dir jedenfalls nicht. Aus dir ist ja was geworden.« Allein bei der Erinnerung steigen mir wieder Tränen in die Augen.

Natürlich hat es mir geschadet. Warum habe ich Jahrzehnte an meinem Selbstbewusstsein gearbeitet, Selbstzweifel und Ängste bekämpft? Warum habe ich Unverschämtheiten hingenommen und mich nicht gewehrt? Warum war ich zufrieden, mit dem, was ich bekommen habe, und habe nicht nach mehr verlangt? Dieser Klaps, wie Mutti es nannte, war der erste Schlag gegen mein strahlendes starkes Ich. Es hat mich ein halbes Leben gekostet, den Mut zum Aufbäumen zurückzugewinnen. Ja, ich war wütend. Wenn du eines meiner ersten Bücher kennst, weißt du vielleicht, dass ich unversöhnlich über meine Erziehung geschrieben habe. Doch es hat sich etwas verändert. Nenn es altersmilde, wie mich neulich ein Zuhörer bezeichnet hat. Ja, mag sein. Das bessere Wort ist versöhnt.

Mit dem Schicksal versöhnen

Ich bin überzeugt davon, dass wir die Queensize-Freiheit nur erreichen können, wenn wir uns mit unserem Schicksal versöhnen. Das bedeutet erst einmal annehmen, was ist. Erkennen, was es mit uns gemacht hat. Dann bedeutet es, versuchen zu verstehen, warum unsere Eltern so gehandelt haben. Das heißt nicht entschuldigen, verstehen reicht schon. Und das habe ich durch viel Bewusstseins-Arbeit, viel kluge Lektüre und noch viel klügere Gesprächspartner nach und nach geschafft.

Vielleicht bist du in einer völlig anderen Situation, vielleicht war deine Erziehung anders, viel weniger streng. Doch das Muster, wie wir zu dem Menschen geworden sind, der wir sind, ist immer ähnlich. Es hängt in großem Maße von den Erziehungszielen unserer Eltern ab und unserer Großeltern. Deshalb ist es sinnvoll, sich die Kindheit unserer Eltern anzuschauen. Wie sind *sie* zu den Menschen geworden, die sie sind?

Heute gibt es unendlich viel Forschung und viele Bücher über die Generation, die nach dem Krieg Eltern geworden sind. Man weiß heute, dass die Erfahrungen, die deine Eltern, Großeltern oder sogar Urgroßeltern in dieser Zeit gemacht haben, ihre Ängste und ihre Panik, in deinen Genen stecken können und dein Handeln mitbestimmen. (Eine Literaturliste findest du am Schluss dieses Buches.)

Was für Kriegserlebnisse zutrifft, gilt natürlich auch für ideologische Indoktrination, einfacher ausgedrückt: Was deine Eltern oder Großeltern über Erziehung gelernt haben, spiegelt sich in deinen Erfahrungen und vielleicht sogar in deinem Handeln wider. Und sie wiederum tragen die Folgen der Erziehung ihrer Eltern in sich. Vielleicht hast du schon einmal den Begriff »Schwarze Pädagogik« gehört. Grundlagen waren: Das Kind zu züchtigen, ihm klare Regeln zu geben, es nicht zu verzärteln und zu verwöhnen. Na klasse.

Überleg einmal: Was weißt du über deine Eltern? Was über deine Großeltern? Wie sind sie erzogen worden? Was haben sie als Kinder erlebt? Wenn du sie noch fragen kannst, frag sie. Oder frag Onkel und Tanten oder ältere Nachbarn. Welche Werte haben sie in ihrer Kindheit mitbekommen? Wie wurden Kinder damals behandelt? Der Schlüssel für Verständnis und Versöhnung liegt im Mitgefühl für deine Eltern. Damit der Groll verfliegt und du selbst frei werden kannst, dein Leben zu leben.

Schluss mit dem Betäubungs-Lachen

Zurück zu Silke, die lacht, statt ihren Zorn zu zeigen. Das falsche Lachen kannst du bei vielen Frauen beobachten. Dieses sich selbst besänftigende Lachen ändert an der auslösenden, ärgerlichen Situation nichts. Ich behaupte: Dieses falsche Lachen ist das Ritalin der erwachsenen, selbstbeherrschten Frau. (Ritalin ist ein umstrittenes Betäubungsmittel, das in den letzten Jahren verstärkt bei hyperaktiven Kindern eingesetzt wird, um sie ruhigzustellen). Das falsche Lachen ist ein körpereigenes Betäubungsmittel für viele Frauen. Es verhindert kritische Äußerungen, Anschuldigungen oder Ausraster. Wir bleiben sozialverträglich, reißen keine Wunden auf und keine Gräben. Wir sind immer nett, angepasst und vernünftig. Mit uns kann man gut auskommen. Friede, Freude, Eierkuchen. Gefallsucht hat diese freiwillige Selbstkontrolle neulich eine Frau in einer Facebook-Kolumne genannt, sie ist Jahrgang 1986!

In meiner Jugend nannte man diese Verhaltensweise »damenhaft«. Ich sage heute, Scheiß auf damenhaft. Denn das ist vor allem eine »Damen-Haft«: Sie verurteilt Frauen, den eigenen Gefühlen zu misstrauen und sie zu unterdrücken. Sie nimmt Frauen das Recht auf Emotionalität, auf Lautsein, auf Wütendsein, auf zornige Tränen, auf Ausrasten, Brüllen, Zetern. Aber zum Teufel mit der braven Frau, die sich nicht aufregt, die so wundervoll verständnisvoll ist. Mit der man alles machen kann, sie betrügen, sie vertrösten, sie hintergehen, sie verarschen.

Das falsche Lachen macht etwas mit uns, in uns. Es schenkt uns keinen wirklichen Frieden. Es dämpft vielleicht aktuell den Groll, den Zorn, die Wut.

»Was passiert, wenn du zornig bist?«, frage ich Silke. Sie überlegt länger, presst die Lippen aufeinander, sagt dann: »Ich habe Angst vor der Wucht des Gefühls. Das ist gefährlich. Dann werde ich zur Furie. Und mache alles kaputt.« Wie kommt sie auf diese Idee? Ihre Eltern stammen aus sehr armen Verhältnissen, erzählt sie. Und sie haben Silke und ihren Geschwistern Undankbarkeit vorgeworfen, wenn sie mit den Umständen gehadert haben oder sich beklagt haben, dass andere Kinder mehr durften. »Wir hatten gar nichts, als wir klein waren«, haben die Eltern dann gesagt. »Als wir Kinder waren, war Krieg.«

Silke erinnert sich, dass sie sich früher, wenn ihr als Kind aufgrund ihres Undanks Zimmerarrest auferlegt wurde, ein Bilderbuch oder ein Spielzeug geschnappt und es kaputt gemacht hat. Als Bestrafung für dieses Zornigsein haben ihr die Eltern einmal ihre Lieblingspuppe weggenommen und ein andermal ihr geliebtes Kinderfahrrad. Damit sie lernt, sich zu beherrschen. Ja, und das hat sie dann gelernt. Seitdem lacht sie. Hält sich zurück und konfrontiert ihren Mann nicht mit ihrer Enttäuschung. Aber der Groll und der Zorn gehen nicht weg, sondern vergiften ihr Leben.

Ich versuche, ihr den Unterschied klarzumachen, wie abhängig die kleine Silke von der Liebe ihrer Eltern war. Und wo der Unterschied zur großen Silke ist, die arbeitet, Freunde hat, ihr eigenes Geld verdient, sich artikulieren kann, die stark ist. Und die es riskieren kann, ihre Enttäuschung und ihren Zorn zu zeigen. »Weiß dein Mann, wie sehr du unter der Situation leidest?« »Nein, ich habe mich nicht getraut, ihn damit zu konfrontieren.« »Wäre es jetzt an der Zeit, ihm mal zu sagen, wie es dir geht?« »Ja, ich denke schon. Denn so weiterleben wie bisher will ich nicht mehr.«

Ich gebe Silke noch eine Aufgabe mit: »Kannst du dir vorstellen, deinem Mann jeden Morgen, wenn er in die Arbeit geht, eine Extraportion Liebe mitzugeben?«

Sie sieht mich erstaunt an. »Aber wie?«

»Das weiß ich auch nicht, der Impuls ist mir gerade gekommen. Schau mal, ob es passt.«

Vier Wochen später erzählt mir Silke am Telefon von Veränderungen: »Ich weiß auch nicht, wodurch es gekommen ist, aber es geht uns richtig gut. Wir waren gerade ein verlängertes Wochenende in Hamburg; und es war wie früher, wir haben drei Tage lang nur Spaß gehabt.«

»Wie hast du das geschafft?«

Silke lacht – diesmal ein fröhliches Lachen. »Ich habe nach unserem Gespräch für mich überlegt gehabt, wenn's nicht mehr geht, geht's nicht. Und habe mich sehr wortkarg gegeben. Aber ich habe ihm in Gedanken fast jeden Morgen eine Extraportion Liebe mitgegeben. Bin mit aufgestanden, wenn er früher losmusste zum Beispiel. Nach einer Woche hat er mich gefragt, wie es mir eigentlich in meiner Arbeit geht. Wir haben uns richtig unterhalten. Und seit Hamburg weiß ich, wir finden wieder zusammen.«

Manchmal überrascht es mich selbst, wie einfach es sich plötzlich für manche Menschen anfühlt, nach einer Erkenntnis, sei es im Coaching oder durch die Lektüre eines Buchs, etwas zu verändern. Mein amerikanischer Trainerkollege Doug Stevenson hat einmal während eines Weiterbildungs-Workshops erklärt: »Menschen brauchen circa 50 Impulse, um etwas zu verändern. Vielleicht haben sie schon 38 oder 44, und sie brauchen nur noch ein paar Anschubser, damit sie wirklich etwas anpacken.«

Der 50. Impuls birgt die Chance, Starre aufzulösen, ins Reden zu kommen, Grenzen zu setzen, Missverständnisse aufzulösen, wieder mit anderen Menschen in Resonanz zu treten. Sich selbst zu betäuben und sich starke Gefühle zu verbieten betäubt vielleicht heftige Reaktionen, es

steigert aber hinterhältigerweise die subversive Selbstaggression ebenso wie die unterdrückte Aggression anderen gegenüber, ähnlich dem steigenden Druck in einem
Schnellkochtopf. Selbstaggression beginnt bei Selbstkritik: »Warum kann
ich nicht einfach zufrieden sein?«, und führt über Selbst-
beschimpfung: »Ich bin zu doof, eine Lösung zu finden«
bis zur Selbstabwertung: »Ich kann mich einfach nicht
beherrschen« bis zur Selbstanklage: »Wahrscheinlich bin
ich schuld, dass er nicht mehr mit mir spricht.«

Sobald wir durch eine ärgerliche Reaktion, heiße Tränen oder sogar wildes Schimpfen – sei es auch ungerecht – rechtzeitig die Ventile öffnen und den Druck ab-
lassen, beugen wir einer unkontrollierten Explosion vor.
Wir bekommen den Kopf frei, das Rauschen in unseren
Ohren lässt nach. Wir sehen nicht mehr nur Rot, sondern
können unseren Blick auf die anderen und die Situation
klären. Wir können wieder denken und spüren. Wir geben damit auch anderen die Chance, uns wieder mit ihren
Worten und Argumenten zu erreichen. Klarheit schafft
Harmonie!

Der Zauber des Zeterns

Mir hat lautes Schreien, Schimpfen und Zetern vor gar
nicht langer Zeit quasi das Leben gerettet. Wie du weißt,
habe ich meinen Mann an die Demenz verloren. Fünf
Jahre lang habe ich es irgendwie geschafft, ihn zu Hause
zu versorgen, trotz fortschreitender Vergesslichkeit,
aggressiven Schüben und Orientierungslosigkeit. Mehr-
mals wurde er von der Polizei nach Hause gebracht, weil

er nicht mehr wusste, wo er sich befand. Ich habe den Lebensunterhalt für uns beide verdient, war also auch viele Tage unterwegs. Siegfried wurde immer ungehaltener, dass er nicht mitdurfte. Er sprach von Scheidung, er wolle zu seinem Bruder ziehen. Zehn Minuten später hatte er es vergessen, und die Diskussionen fingen von vorne an. Mithilfe meiner Familie und einer Demenzassistentin konnte ich das alles bewältigen.

Die Frage, ihn in ein Heim zu bringen, wurde immer drängender. Aber mein schlechtes Gewissen plagte mich. Ein Jahr lang habe ich mit einem guten Coach an dieser Blockade gearbeitet. Hatte ich bei der Heirat nicht versprochen, in guten wie in schlechten Zeiten zusammenzubleiben? Ich musste erst das Wort Verrat auflösen, bis ich zu dem Entschluss kam: Ich muss für uns beide entscheiden. Er kann es nicht mehr.

Dann kam eines Tages die Nachricht, dass ich einen Platz in einem guten Pflegeheim in München für ihn bekommen könnte. Innerhalb von drei Tagen musste ich zusagen.

Ich nahm das Zimmer, wissend, dass er nicht in ein Heim wollte, wissend auch, dass er selber nicht für sich entscheiden konnte. Nur mit einem Trick bekam ich ihn dazu, mit mir die geschlossene Demenzabteilung zu betreten. Mit den Mitarbeitern war alles abgesprochen. Als ich draußen vor der Tür stand, kam ich mir vor wie eine Verbrecherin.

Wider Erwarten lebte sich Siegfried sehr schnell und gut in die neue Umgebung ein. So gut, dass er sich nach vier Wochen eine neue Frau gesucht hat. Eine Mitpatientin, mit der er den ganzen Tag Hand in Hand spazieren geht. Sie wohnen seitdem überwiegend zusammen in seinem Zimmer. Er machte mich bei meinen Besuchen jede Woche neu mit ihr bekannt:»Darf ich dir die Dame meines Herzens vorstellen?« (Das hatte er früher immer über mich gesagt.)

Ich hatte in vielen Broschüren über Demenz gelesen, dass Patienten sich neue Partner suchen. Doch etwas zu lesen oder es am eigenen Körper zu erfahren ist etwas anderes. Auch wenn ich versuchte, mich zu wappnen, hatte ich nicht erwartet, dass es mir den Boden unter den Füßen wegziehen würde. Mein Verstand sagte:»Sei froh, dann ist er nicht allein. Für ihn ist es das Beste.« Aber mein Herz zerbrach. Monatelang schleppte ich mich privat nur noch durch mein Leben. Mein Business lief weiter erfolgreich, niemand merkte bei meinen Auftritten auf der Bühne, wie schlecht es mir ging. Lächeln!

Einmal saß ich im Flugzeug und dachte, ist doch egal, ob wir abstürzen, ich habe eh kein Lebensziel mehr. Mein Warum war gewesen, mit Siegfried glücklich alt zu werden. Zu Hause brach die Panzerung. Ich konnte mich an meinen freien Tagen nicht mehr aufraffen, zu duschen, mir die Haare zu waschen, die Zähne zu putzen. Lebensmittel bestellte ich beim Lieferdienst, nur nicht rausgehen. Meine Beine wollten mich nicht mehr tragen. Ich wollte niemanden sehen. Nein, ich wollte auch nicht darüber reden, wie mir einige Bekannte anboten. Das Sofa und die 24-Stunden-Fernsehbeschallung halfen mir, die Tage zu überstehen. Nach einer Flasche Wein am Abend konnte ich wenigstens einschlafen. Nach außen gab ich die tapfere kleine Frau, die alles im Griff hat.

Eines Abends ging es mir besonders mies. Ich hatte das Gutachten vom Familiengericht bekommen, in dem die amtliche Einweisung endgültig beschlossen wurde.

Im Gespräch mit der Gutachterin hatte Siegfried offensichtlich angegeben, »aus einer unglücklichen Ehe ins Heim geflohen zu sein«. Ich war am Boden zerstört. Wir waren jahrelang so glücklich gewesen, wie konnte so eine Liebe einfach verschwinden? Ich war deprimiert, zweifelte an allem, was ich tat. Sah keinen Sinn mehr in meinem Leben. Ich fing an zu schluchzen und konnte nicht mehr aufhören. Und dann begann ich plötzlich, laut zu zetern. Ich schrie meinen Schmerz hinaus, schrie, wie sehr ich ihn vermisste. Ich schimpfte auf Siegfried. »Wie kannst du mich so im Stich lassen?!«, zeterte ich. »Du bist schuld, dass ich unsere schöne große Wohnung aufgeben muss. Weil ich die Miete nicht mehr zahlen kann, weil das Heim so verdammt teuer ist.« Völlig erschöpft schleppte ich mich anschließend ins Bett und schlief sofort ein.

Am nächsten Morgen wachte ich um halb sechs auf, war hellwach, klar im Kopf und fing an, meine Wohnung aufzuräumen. Drei Stunden lang schuf ich Ordnung. Dann rief ich einen befreundeten Coach an und bat um einen Termin. Von diesem Tag an begann ich, wieder zu leben. Ich wollte kein schlechtes Gewissen mehr haben. Nein, ich wollte Siegfried nicht zu Hause pflegen, mich nicht aufopfern, nicht mit ihm zusammen zugrunde gehen. Nach vielen Gesprächen habe ich die Besuche bei Siegfried reduziert. Ich weiß, er vermisst mich nicht. Der Selbsterhaltungstrieb hat gesiegt. Das verdanke ich dem Zetern, davon bin ich fest überzeugt.

Deshalb: Ein Lob auf starke Gefühle! Lass sie raus, sei unbeherrscht, leg nicht jeden Satz auf die Goldwaage, hör auf, dich ständig selbst zu regulieren. Kleiner Einschub: Lade deinen Ärger möglichst bei dem ab, der ihn erzeugt hat, lass ihn nicht an den Menschen aus, die zufällig deinen Weg kreuzen, und schon gar nicht an deinen Kindern (oder deinem schuldlosen Partner). Kinder sind manchmal Auslöser für eine tiefe, heiße Wut, die in uns wohnt. Aber ich habe von Psychologen gelernt, der Schmerz ist ein alter. Er wurde vor Urzeiten angelegt und wird durch den aktuellen Ärger nur getriggert. Die gute Nachricht: Unsere Generation hat die Chance, darüber zu reflektieren. Und damit können wir den Teufelskreis der schmerzgeleiteten Erziehung durchbrechen.

Ich bin der Beweis, dass es geht. Ich habe vor 35 Jahren meine kleine Tochter einmal gehauen, in einer Situation völliger Überforderung. Dabei hatte ich mir geschworen, niemals wie meine Eltern zu werden. Eine Freundin drückte mir daraufhin zwei Bücher in die Hand: ›Du sollst nicht merken‹ und ›Das Drama des begabten Kindes‹ von Alice Miller, in den Achtzigerjahren die führende Autorin zum Thema Familientherapie. Nie vergesse ich die Zugfahrt nach Köln, während der ich die Bücher gelesen habe. Ich habe auf der Hin- und auf der Rückfahrt nur geweint. Aber ich habe es kapiert: Mein Schmerz war ein alter, in der Kindheit angelegt. Und wahrscheinlich über Generationen in meiner Familie weitergegeben. Als ich nach Hause gekommen bin, habe ich mich ans Bett meiner vierjährigen Tochter gesetzt und habe mich bei ihr entschuldigt. Und ich habe nie wieder zugeschlagen.

Ich weiß nicht, warum Alice Millers Bücher aus der Mode gekommen sind. Ich glaube, sie war zu drastisch, zu entlarvend, zu politisch. Ich meine mich auch zu erinnern, dass sie mit dem Argument, selbst keine gute Mutter gewesen zu sein, kaltgestellt wurde. Aber wenn du ihre Bücher irgendwo bekommen kannst, empfehle ich dir, lies sie.

Zurück zum Thema starke Gefühle. Frauen mit betäubten Emotionen leugnen gegenüber ihren Partnern, Kollegen, Vorgesetzten oft, dass sie ärgerlich, enttäuscht oder wütend sind, »Was soll sein?« Sie packen ihr falsches Lachen aus, ziehen sich vielleicht ein bisschen zurück und lassen ab und zu eine spitzzüngige Bemerkung fallen: »Du musst ja wissen, was du tust.« (Bitte, niemals!) Und warum? Weil sie hoffen, der andere wird doch spüren, dass er sie verletzt, enttäuscht oder verärgert hat. Er wird es spüren und sich entschuldigen. Nein, wird er nicht. Er spürt gar nichts! Wir müssen lernen, ehrlich zu sein. Und ihm damit die Chance zu geben, seinen Fehler gut zu machen.

Ein Zuhörer hat mir nach einem Vortrag erzählt: »Manchmal, wenn ich abends nach Hause komme, dann empfängt mich meine Frau mit sooo einem Gesicht. Ich frage: ›Liebling, was ist denn?‹ Sie antwortet: ›Gar nichts‹. Bitte, sie soll mir einfach sagen, was ist. Habe ich etwas falsch gemacht, etwas vergessen? Sie muss mir doch eine Möglichkeit geben, sie zu verstehen, meinetwegen auch, mich zu entschuldigen.«

Uns zuzugestehen, auch mal impulsiv zu reagieren, laut zu werden und eventuell die Höflichkeitsgrenze zu überspringen, heißt ja nicht, dass wir uns ständig als Drama-Queen aufspielen, die alle Situationen nur auf sich bezieht und bei jeder Gelegenheit emotionale Anfälle bekommt. Die starken Gefühle helfen uns aber, die Frau zu werden, die wir sind. Schäm dich nicht, auch einmal auszuticken. Du kannst dich hinterher immer noch für den Ton entschuldigen.

Und was, wenn sich alles in dir dagegen sträubt, laut werden zu »müssen«? Vielleicht hast du eine Abneigung gegen Lautwerden. Du findest es unangemessen. Dann rede halt leise, aber sag die Wahrheit. Sei verständnisvoll und freundlich, aber sag, was Sache ist. Säusle, flöte, hauche meinetwegen. Aber sag verdammt noch mal, was dich stört.

Ich hatte ein kurzes Telefoncoaching mit einer Klientin. Sie hat mit 37 Jahren die Firma ihres Vaters übernommen. Harte Arbeit, Sorgen, Veränderungen, Erfolge, das volle Programm. Sie hat sich hineingekniet, sorgt für Innovationen, steigert den Umsatz, wird nach und nach von den Mitarbeitern akzeptiert. Nur mit einer alteingesessenen Mitarbeiterin hat sie ständig Probleme. Diese akzeptiert nicht sie als Chefin, trauert dem Senior nach, lästert, schürt Unzufriedenheit in der Belegschaft. Meine Klientin ist verunsichert.

In den zwanzig Minuten, die wir geredet haben, entwickelt sich die Lösung sehr schnell: Sie wird mit dieser Mitarbeiterin sprechen, in ruhigem Ton wird sie sagen, was sie stört. Sie wird der Mitarbeiterin klarmachen, dass diese sich entscheiden muss. Entweder sie akzeptiert sie als ihre Chefin, unterstützt sie und zollt ihr Respekt. Oder sie muss gehen. Meine Klientin ist bereit, ihr eine Abfindung zu bezahlen. Aber dann muss sie das Unternehmen verlassen. Richtig fröhlich sagte meine Gesprächspartnerin am Schluss: »Ja, mir war klar, dass ich handeln muss. Aber jetzt fühlt es sich richtig gut an.«

Stell dein Wohlergehen in den Mittelpunkt deines Lebens, deines Tuns. Manchmal müssen wir jemanden enttäuschen und damit auch das Risiko eingehen, dass die Person dann vielleicht auch für uns nicht da ist, wenn wir sie bräuchten. Aber immer nur für andere da zu sein und sich nicht um sich selbst zu kümmern ist nach meiner Erfahrung der Weg, bitter zu werden.

Noch mal zum Thema Damen-Haft. Ein beliebter Begriff in dem Zusammenhang heißt »Contenance bewahren«, der Begriff steht für Selbstbeherrschung und Zurückhaltung. »Contenance, meine Damen« habe ich aus irgendeinem deutschen Nachkriegsfilm in Erinnerung. Mir fällt immer wieder auf, dass sich auch heute noch Frauen, die sich amüsieren und über etwas lachen müssen, schamhaft die Hand vor den Mund halten und ihre Lachen auf ein »Hihi« reduzieren.

Ganz anders, wenn vier Queens of fucking everything zusammen ausgehen. Es war in Berlin, nach einem anstrengenden Kongress, als wir Referentinnen beschlossen, abends gemeinsam noch etwas essen zu gehen. Wir wählten ein Berliner Traditionsgasthaus im Nikolaiviertel aus. Wir waren nach den zwei intensiven Workshop-Tagen wirklich geschafft. Und kennst du das: Wenn man müde ist, wird man manchmal albern. Nach kürzester Zeit erzählten wir uns nur noch lustige Geschichten und kamen in Fahrt. Wir konnten einfach nicht mehr aufhören zu lachen. Nach einiger Zeit kam der Kellner an unseren Tisch, lächelte gequält und bat uns flüsternd: »Meine Damen, dürfte ich Sie bitten, etwas leiser zu sein? Einige Gäste fühlen sich gestört.«

Da brachen alle Dämme, wir lachten nicht mehr, sondern wir wieherten. »Da werden Weiber zu Hyänen.« Wir versuchten wirklich, uns zu benehmen. Aber wir mussten uns nur ansehen, dann prusteten wir wieder los, bis die Tränen flossen.

Sobald wir aufgegessen hatten, brachte der Kellner uns

ungefragt die Rechnung. Und lächelte nicht mehr. Da strichen wir die Segel. Lachend zahlten wir, lachend verließen wir die unwirtliche Stätte, gefolgt von bitterbösen Blicken. Und noch im Taxi schüttelten uns die Lachkrämpfe. Wann immer wir uns treffen, erinnern wir uns an diesen Abend, vier gestandene Trainerinnen außer Rand und Band. Und es war herrlich! Bitte, Frauen, wir dürfen auch mal aus der Rolle fallen, meinetwegen peinlich sein. Woran wollen wir uns denn sonst im Alter einmal erinnern? Wie brav wir waren, wie angepasst? Wie langweilig.

Meine Überzeugung: Wir müssen gut für uns sorgen, wir brauchen Spaß und einen Schuss Verrücktheit, damit wir uns auch gut um andere kümmern können. Wann hast du zuletzt solche Lach-Flashs gehabt? Mit wem kannst du aus vollem Herzen lachen? Machst du das oft genug? Du weißt wahrscheinlich, dass Lachen unser Immunsystem stärkt. Wir tun also damit auch etwas für unsere Gesundheit.

Queensize-Tipps
1. Hör auf, deine negativen Gefühle durch unangemessenes Lachen zu verdrängen.
2. Lass den Ärger bei dem Menschen raus, der ihn verursacht hat.
3. Du musst nicht laut werden, du kannst auch in ruhigem Ton ehrlich über deine Gefühle reden.
4. Und lach laut, wenn es etwas zu lachen gibt.

Wut kann ein Geschenk sein

Nach allem, was ich über Wut gelernt habe, muss ich sagen: Wut tut gut! Doch bevor du jetzt anfängst, deine Fingernägel spitz zu feilen, um sie deinen Feinden durchs Gesicht zu ziehen: Stopp! Wichtig für dein Queensize-Leben ist es, deine Verärgerung, deine Enttäuschung und deine Wut oder deinen Zorn zu spüren. Wenn dein Spüren einem Vulkanausbruch ähnelt, ist es okay. Auch ich kann toben wie das Sturmtief Sabine. Jahrelang war ich die Machetenfrau, in jeder Hand ein Messer. Meine Feinde (meist männlich) fielen links und rechts zu Boden. Ich musste dann aber feststellen: Man wird sehr einsam als Machetenfrau. Auch Freunde ziehen sich vorsichtshalber zurück.

Nach einigen Jahren habe ich bemerkt, dass es bessere Möglichkeiten gibt, mein selbstbestimmtes Leben voranzubringen. Zum Beispiel mit Charme oder, wie ich sage, angewandter Wertschätzung. Ich saß mal in einer Verhandlungsrunde mit vier Frauen aus Personalabteilung und Betriebsrat – und einem Mann. Es ging um eine Reihe von Frauenseminaren zum Thema Durchsetzungsvermögen. Der Mann war der Chef und musste sein Okay und ein Budget dafür geben.

Wir Frauen verstanden uns auf Anhieb, eine musste nur einen Halbsatz sagen, und die anderen wussten sofort, worum es geht. Ich beobachtete den Chef und sah, er verstand nichts. Er saß mit verschränkten Armen da, die Augen ins Unendliche gerichtet. Wir waren dabei, ihn zu verlieren. Ich musste etwas tun. Also sprach ich ihn an.

»Wissen Sie, Herr Maier, das Beste wäre natürlich, wenn Sie es ermöglichen könnten, sich wenigstens eine Stunde zur Verfügung zu stellen, um den Frauen aufzuzeigen, welche Chancen das Unternehmen ihnen geben möchte. Denn nur wenn das Signal von Ihnen ausgeht, wird die ganze Aktion auch ernst genommen.«

Herr Maier kam aus der Unendlichkeit des Alls zurück, er hörte mir aufmerksam zu, die Arme lockerten sich, er beugte sich vor, während ich sprach. Dann lächelte er und sagte: »Ich weiß nicht, ob ich das jedes Mal schaffen werde.« Bingo. Gib einem Menschen Wertschätzung, und er gibt dir etwas zurück.

Bäh, Schleimerin, denkst du jetzt vielleicht. Stimmt. Aber du weißt, die Breite unserer Schleimspur bestimmen wir selbst. Außerdem kann man es auch freundlich als Charme-Offensive bezeichnen. Und ich habe in den letzten 20 Jahren unendlich viel Energie dadurch eingespart, die ich früher wütend verballert hätte.

Der indische Freiheitskämpfer Mahatma Ghandi hat seinen Anhängern gepredigt: »Wut ist für einen Menschen wie Benzin für ein Auto – sie treibt einen an, damit man weiterkommt, an einen besseren Ort.«

Nun muss man wissen, dass Ghandi gegen jede Gewalt war, er hat immer dafür plädiert, auf friedlichen Wegen seine Ziele zu erreichen. Er empfahl seinen Anhängern: »Wenn du die Wut spürst, setz dich ans Spinnrad und spinn.« Er glaubte an die Kraft der Liebe. Rachefantasien hielt er für sinnlos. »Auge um Auge, und die ganze Welt wird blind.«

»Ich habe gelernt, die Wut zu nutzen, um etwas Gutes zu tun«, war seine Aussage. Wir können uns also entscheiden, die rächende Königin zu werden oder die friedliche. Deshalb erfährst du in diesem Kapitel, wie du aus heißer Wut weise Energie ziehst und bohrenden Neid in Bewunderung plus Ansporn verwandelst.

Weise Wut weckt Energie

Du bist wütend, dass dir jemand wiederholt eine Idee gestohlen hat oder sich mit deinen Federn schmückt? Und die heiße Wut packt dich? Um das noch einmal klarzustellen: Wenn du brüllen willst, na, dann brüll, dass sich die Wände biegen oder zumindest alle Türen öffnen. Ich habe das vor mehr als 25 Jahren einmal vor einem Chef getan. Von dem Tag an hat er mich auf Augenhöhe behandelt (verstehe einer die Männer!). Ich fühlte mich trotzdem scheiße. Denn ich wollte nicht auf diesem Niveau kommunizieren.

Falls du nicht herumschreien und trotzdem deiner Wut folgen willst, wie könnte das gehen? Rückzug ist schon mal ein gutes Stichwort. Bevor du deinen Laptop durchs Büro schleuderst, deinem Gatten mit Scheidung drohst oder deinem Kind eine scheuerst, zieh dich zunächst aus der Arena zurück.

Entwickle rechtzeitig eine Idee von deinem inneren Spinnrad. Murmelst du Mantras vor dich hin? Rennst du dreimal ums Haus? Oder zeterst du eine Runde im Bad?

Manche können sich abreagieren, indem sie (ohne Publikum) mit einer gerollten Zeitung wild auf ihren Bürostuhl oder Sessel im Wohnzimmer eindreschen. Andere boxen auf ein Kissen ein. Eine Freundin von mir hat sich einen Punchingball ins Wohnzimmer gehängt. (Sie ist allerdings vorsichtiger geworden, nachdem sie sich zweimal eine blutige Nase geholt hat.) Das Wichtigste an der Wut ist, sie zu spüren, s-p-ü-r-e-n. Ziel ist es nicht, gewalttätig zu werden, sondern die Wut in Handlungsenergie umzuwandeln, um sie für Veränderungen und Verbesserungen zu nutzen. Also stell dir vor, deine Gewaltfantasien verschwinden langsam aus deinem Kopf, du siehst auch keine roten Blitze mehr vor den Augen, dein Blutdruck reguliert sich auf Normalmaß. Du entspannst dich, und kannst wieder denken (du erinnerst dich: Stress macht blöd!).

Nur mit einem kühlen Kopf kannst du Strategien entwickeln, damit dir das, was dich so wütend gemacht hat, nie wieder passiert. Nur wenn du gezielt hinschaust, wie es zu der ärgerlichen Situation gekommen ist, kannst du deinen eigenen Anteil an der Misere erkennen. Ein Beispiel: Jemand hat dich hintergangen. Rekonstruiere wie Columbo: Wie konnte das passieren? Warst du vielleicht unbedacht? Erinnere dich an die Details, schreibe sie auf. Welche Anzeichen hat es gegeben? Warst du zu vertrauensselig? Warum bist du nicht skeptisch geworden? Vielleicht, weil du so sehr ans Gute im Menschen glaubst?

Oder: Du hast die Beförderung nicht bekommen, die du sicher erwartet hat. Deine Kollegin hat sie bekommen, mit der du schon lange in Konkurrenz stehst? Also, ran ans Spinnrad: Was hat sie getan, was hast du beobachtet? In welchem Fall warst du zu naiv? Hat sie besser

Beziehungen aufbauen können als du? Hat sie Tricks angewendet? Kann es sein, dass dir Verbündete fehlen? Wie musst du agieren, damit du das nächste Mal besser dastehst? Merkst du, Wut kann ein Geschenk sein, weil sie dich ins Handeln bringt.

Ich beobachte immer wieder, dass Frauen, die nicht strategisch oder taktisch vorgehen, in Enttäuschung oder Ratlosigkeit versinken und sich als Opfer fühlen und in dieser Rolle verharren. Wut kann als Nährstoff für klügeres Handeln dienen. »Mit mir macht ihr das nicht noch einmal!« Yeah, das ist Queensize-Denken.

Wenn du detektivisch nach den Ursachen suchst, kannst du zukünftig verhindern, dass du wieder ausgespielt oder verarscht wirst. Weise Wut ist das Fundament für zukünftigen Erfolg.

Ich erinnere mich an Traudl, Mitte 40, die zusammen mit ihrem Bruder den ererbten elterlichen Betrieb leitet. Sie schilderte mir empört, wie ihr Bruder sie vor den Mitarbeitern zusammenschreit. Und was macht sie? »Ich bin wütend, zittere und bin nahe daran zu weinen. Ich bin dann unfähig, irgendetwas zu sagen, geschweige denn schlagfertig zu reagieren. Das soll mir nie wieder passieren.«

»Wie möchten Sie denn reagieren?«, frage ich sie. Sie schaut mich etwas unsicher an. »So wie Sie.« Ich bin wirklich überrascht. »Wie ich? Was glauben Sie denn, wie ich mich verhalten würde?« Strahlend zählt sie auf: »Ruhig, sachlich, respektvoll, wertschätzend, neutral, souverän.«

»Dann reagieren Sie doch so.«

»Aber wie?«

Traudl fehlt das Spinnrad, um im Moment der heißen Wut einen klaren Kopf zu bekommen und sich zu wehren.

Als wir daran arbeiten, stellt sich heraus, dass das Geschwisterverhältnis seit Kinderzeiten gestört ist. Der ältere Bruder wurde von klein auf vom Vater beschimpft und schikaniert, aber trotzdem immer als sein Nachfolger gehandelt. Als die »kleine« Schwester nach dem Tod des Vaters die Hälfte des Betriebs erbte und Mitgeschäftsführerin wurde, empfand er das als weitere persönliche Kränkung. Und seitdem lässt er seine Enttäuschung an ihr aus. Traudl weiß das offenbar alles, doch in der Stresssituation findet sie kein Mittel, souverän dagegenzuhalten.

Hat sie mit ihrem Bruder schon darüber gesprochen?

Ja, hat sie. Er verspricht auch immer Besserung, bis zum nächsten Ausbruch.

Kann sie sich aus dem Betrieb rausziehen, ihre Hälfte an ihn verkaufen und was Schönes anderes machen?

Sie liebt die Firma und fühlt sich auch ans Erbe des Vaters gebunden. »Und meine Mutter ist 80, der mag ich das auch nicht antun.«

Hm.

Ich verlasse mich oft auf meine Intuition, auch wenn ich noch nicht weiß, was es bringen wird. Ich zeichne also spontan eine Männergestalt auf einen Bogen Papier. »Ich zeige Ihnen mal ein Modell, das mir gerade eingefallen ist. Lassen Sie uns mal spinnen.«

Ich strichle eine Linie längs durch das Männchen. Rechts schreibe ich hin: Bruder als Geschäftsführer. Und die positiven Eigenschaften, wie sie gern reagieren würde.

Links daneben schreibe ich: Bruder als Bruder. Und notiere, welche Begriffe ihr dazu einfallen: emotional, ungerecht, nicht neutral, Zwist.

»Können Sie sich vorstellen, zwischen dem Geschäftsführer und dem Bruder zu unterscheiden? Wie würden Sie mit einem nichtverwandten Geschäftsführer umgehen?«

Traudl: »Ich würde ihn sehr kühl darauf hinweisen, dass sein Ton gar nicht geht. Dass ich mir den verbitte. Und dann würde ich ihn einfach stehen lassen.« Ein Aufflackern in ihren Augen zeigt, dass sie versteht, worauf ich hinauswill.

Sie spinnt den Faden weiter: »Ich behandle zukünftig meinen Bruder in der Firma wie einen Geschäftsführer, kühl und professionell. Ich werde mit ihm besprechen, wie wir unsere Geschäftsbereiche besser trennen, wer wofür zuständig ist. Und privat kann ich als kleine Schwester emotional sein, ich darf ihm sein Verhalten übel nehmen, ihn darauf ansprechen, auch wenn er mir leidtut. Privat darf ich zeigen, wie es mich trifft und emotional argumentieren.« Sie nickt bedächtig mit dem Kopf. »Das ist wie Trennkost. Das gefällt mir.«

Wut ist die Energie, die uns zwingt zu definieren, was gerecht und was ungerecht ist. Was für ein kluger Mechanismus. Und er bringt uns ins Handeln. Ghandi hat damit einem ganzen Subkontinent die Freiheit gebracht. Du kannst dir damit selbst ein wenig mehr Freiheit geben.

Wenn Wut dein Thema ist, leg dir ein Wut-Tagebuch an. Schreib auf, in welchen Situationen sie bei dir auftritt. Wer dich wütend macht. Und versuche, dich zu erinnern, welche Konflikte dahinterstecken könnten, welche früheren Verletzungen, welch alter Schmerz da angepikst wird. Vielleicht scheint dir das allein zu kompliziert. Dann such dir eine Wut-Tagebuch-Partnerin, der du regelmäßig erzählst, was dich wütend macht und was du daraus lernst. Und die dir Fragen dazu stellen kann. Wut ist die Energie, die uns zwingt, etwas zum Besseren zu verändern.

Neid als Ansporn

Die zweite starke negative Emotion, die unser Leben beeinträchtigen kann, ist Neid. Du bist neidisch, weil jemand das bekommen hat, was du dir schon lange wünschst? Du findest die Welt so ungerecht, dass ein solches A... so bevorzugt wird? Der heiße Neid beschert dir nur eine geknickte Seele und böse Falten im Gesicht. Neid, der sich nicht bald auflöst, entwickelt sich zu Missgunst. Göttin, bewahre mich vor missgünstigen Frauen! Sie sind gnadenlos und wirklich ätzend. Das sind die mit den spitzzüngigen Bemerkungen:»Ich habe gehört, du bist befördert worden? Na, da werden die Kinder aber schon darunter leiden. Was sagt denn dein Mann dazu?«

»Wir sollten niemanden beneiden. Gute Menschen verdienen den Neid nicht, und die schlechten schaden sich selbst umso mehr, je mehr ihnen alles glückt.«

Epikur

Ganz unter uns: Wenn wir Frauen es schaffen würden, untereinander großzügiger zu sein und uns nicht unsere Art zu leben gegenseitig um die Ohren hauen würden, wären wir ein großes Stück weiter. (Ja, ich finde auch, dass Männer sehr viel lernen müssten im Umgang mit Frauen. Aber hier geht es nun mal um unsere Handlungsmöglichkeiten.) In der italienischen Frauenbewegung der Achtzigerjahre gab es ein herrlich auszusprechendes Wort »Affidamento«. Und es war ein wunderbarer Versuch, Frauen miteinander zu versöhnen. Er bedeutete »Vertrauensvorschuss«. Und sagte aus: Beäuge andere Frauen nicht mit Misstrauen (»Was sind denn das für Schnepfen?«), sondern sei neugierig auf sie und schenke ihnen erst einmal Vertrauen.

Auch der weise Neid schaut neugierig hin. Ich nenne ihn gern den Sekundenneid. Es ist völlig okay, drei Sekunden emotional zu reagieren, den Kopf zu schütteln, den Mund zu verziehen und zu denken: »Wieso bekommt diese Bitch den Job, der doch eigentlich meiner war?« (Kleiner Tipp: Vielleicht war es gar nicht deiner?) Und dann ist es auch gut. Der weise Neid ist aus Bewunderung plus Ansporn komponiert. Ja, lass dir diesen Satz auf der Zunge zergehen: Bewunderung plus Ansporn.

Bewunderung: Klasse, Chapeau, echt gut. Die hat das echt geschafft! Ich liebe den Satz: Neid muss man sich verdienen, Mitleid kriegt man geschenkt. Das gilt auch für die anderen. Ein Kollege von mir hat mal ein Buch geschrieben, das sich millionenfach verkauft hat. Jahrelang habe ich mir den Kopf zerbrochen, wie er das geschafft hat? Ich fand das Buch okay, aber nicht sensationell. Vor ein paar Jahren hat er mir das Geheimnis verraten. Durch großes Glück war genau das Cover seines Buches auf einer Anzeige eines IT-Giganten, der seine Dienstleitung beworben hat, die tausendfach veröffentlicht wurde. Und immer das Buch des Kollegen drauf. Okay. Kapiert. Glückwunsch. Er ist auch ein Lieber, ich gönne es ihm von Herzen.

Und jetzt kommt der Ansporn ins Spiel: Unser Ambitionsareal im Gehirn wird wild stimuliert. Verdammt, das will ich auch! Der weise Neid stellt uns die richtigen W-Fragen: Wie ist sie das geworden? Wie hat er das geschafft? Warum haben sie den gefragt und nicht mich? Recherchieren ist angesagt. Wenn er oder sie dir vor die Flinte kommt, frag sie/ihn aus: Was war deine Strategie? Womit hast du überzeugt? Was hast du riskiert? Wer oder was hat dir dabei geholfen? Aha, interessant.

Wenn du dein Bewunderungs-plus-Ansporn-Zentrum im Hirn stärken willst: Lies Biografien von Menschen, die du klasse findest, deren Erfolg dich fasziniert. (In Amerika ist in Büchern und Seminaren gerade ein Wort en vogue: Grit. Es heißt Durchhaltevermögen, Dranbleiben. Kein schlechter Rat, um Erfolg zu haben.) Frag dich: Was kann ich davon lernen? Aber auch: Was ist der Preis des Erfolgs? Ist es mir das wert?

Jetzt kannst du für dich in Queensize-Manier entscheiden: Will ich auch? Ja? Dann nix wie los. Mach dir einen Plan. Nutze die erfolgreichen Strategien anderer, suche dir Vorbilder, lerne von den Zufriedenen. Und wenn du es geschafft hast, denke dran: Neid muss man sich verdienen, Mitleid ... Richtig.

Nicht übel nehmen, sondern handeln

Noch ein paar Anregungen: Wenn du sauer bist, dass der Kollege mehr verdient als du, dann überprüf dein Kommunikationsverhalten mit deinem Chef/deiner Chefin. Pflegst du die Erfolgskommunikation? Gibst du regelmäßig kleine Erfolgsmeldungen weiter wie: »Wir haben den Auftrag«, oder »Das Problem habe ich gelöst«, oder »Ich habe noch einen Sitzplatz für Sie ergattert«? Oder gehörst du zu der Gruppe der Problemkommuniziererinnen? Die sagen gar nichts über ihre kleinen und großen Erfolge, weil sie denken, das müssten die anderen doch sehen. Doch die anderen haben meist etwas anderes zu tun, als uns bei der Arbeit zuzusehen. Diese bescheidene Gruppe, darunter geschätzt 95 Prozent Frauen, meldet sich bei den Vorgesetzten nur, wenn es ein Problem gibt. Autsch. Das hat mir neulich eine Frau bestätigt. Sie erzählte: »Jetzt ist mir klar, warum mein Chef sagt: ›Wenn ich Ihre Nummer im Display sehe, Frau Müller, weiß ich, oje, jetzt gibt es ein Problem.‹«

Übrigens, Männer haben mir immer wieder anvertraut, wie oft sie sich wundern, dass Frauen nicht mehr fordern. Ein Abteilungsleiter hat mir sogar verraten, dass er einem Mann eine Gehaltserhöhung eher verspricht als einer Frau. Bevor ich ihm eins überbraten konnte, erklärte er: »Gebe ich dem Mann das Geld nicht, geht er. Gebe ich es der Frau nicht, bleibt sie und arbeitet genauso engagiert weiter wie vorher.« Tja. Und wenn du die Frau fragen würdest, würde sie sagen: »Mir macht meine Arbeit total viel Spaß, und das Team ist ganz toll, und überhaupt.«

Also, selbst wenn du zufrieden mit deiner Arbeit bist, frage regelmäßig nach einer Gehaltserhöhung oder anderen Vorteilen wie mehr Weiterbildung oder einen Tag Homeoffice in der Woche oder was immer dir Gutes einfällt. Übrigens: Auch Geld ist Anerkennung. Und es entschädigt dich vielleicht dafür, dass dein Chef kein Motivationsgenie ist.

Die Variante für Queensize-Freiberuflerinnen: Teste den Marktwert für deine Dienstleistung. Frauen verlangen oft unterdurchschnittliche Preise. Finde heraus, welche Bandbreite es in deiner Branche gibt. Und schau, ob du bei neuen Kunden höher gehen kannst. Hätte ich mich seit meiner Selbstständigkeit vor 20 Jahren an Frauen orientiert, bekäme ich nicht die Hälfte von meinen heutigen Honoraren. Aber ich habe immer auf die großen Jungs geschaut, mit denen habe ich mich gemessen. Es gibt keinen Grund, warum wir weniger bekommen sollten als sie! Im nächsten Kapitel kannst du lesen, warum Königinnen krass leben und frei entscheiden wollen, nämlich: Selbst bestimmen, wen und wie sie lieben wollen. Selbst bestimmen, ob sie sich mit Frauen oder Männern befreunden. Selbst bestimmen, ob sie sich mit Jüngeren oder Älteren super verstehen. Und selbst bestimmen, was für sie beruflicher Erfolg ist.

Queensize-Tipps
1. Verwandle heiße Wut in weise Wut.
2. Nutze die Kraft des Neids, um selbst etwas zu verändern.
3. Kommuniziere deine Erfolge und fordere mehr.

Wer braucht schon einen Thron?

Vielleicht fragst du dich schon die ganze Zeit: Und wo bleibt der Thron? Stimmt, wenn ich durchgehend bei dem royalen Bild bleibe, dann ist deine Frage berechtigt. Zu einer richtigen Königin gehört so ein Prachtsessel, aus purem Gold, mit weinrotem Samt bezogen und mit Tausenden von Edelsteinen besetzt. Und wenn sie nicht gestorben ist, dann thront und herrscht sie heute noch.

Sorry, die Queen of fucking everything hat alles, nur keinen Thron. Sie hat natürliche Autorität, Souveränität und Haltung. Also, vielleicht hatte sie mal einen. Aber den hat sie bei Ebay versteigert. Warum brauchst auch du im Queensize-Modus keinen Thron?

→ Du thronst nicht und erhebst dich nicht über andere Menschen.
→ Du bist souverän und nahbar.
→ Du bist stolz, aber nicht arrogant.
→ Du brauchst keine Dominanz- und Unterwerfungsspielchen.

→ Du kannst dich abgrenzen und bist trotzdem den Menschen zugewandt.

→ Du redest mit Menschen, nicht über Menschen.

→ Du weißt, was du willst, musst es aber nicht dauernd raushängen lassen.

→ Du setzt die Regeln in deinem Königinnenreich, brauchst aber keine Schergen, um sie durchzusetzen.

→ Du begegnest Menschen nicht nur auf Augenhöhe, sondern auf Herzenshöhe.

Die moderne Königin ist nicht fern von den Menschen, sondern ihnen ganz nah. Und sie hat keine Berührungsängste. In Modern-Sprech könnte man sagen: Sie lebt cross-love, cross-generation und cross-attitude. Und beruflich bevorzugt sie cross-career. Ach, Englisch ist doch so eine schön präzise Sprache. Übersetzt heißt das, die Königin ihres Lebens setzt sich über konventionelle Grenzen hinweg. Was die anderen sagen, ist ihr schnurzpiepegal. Sie erlaubt sich zu denken, was sie denkt. Sie sagt, was sie sagen will. Sie will nichts beweisen und muss nicht perfekt sein. Sie darf ein unvollkommener Mensch in einer unvollkommenen Welt sein. Sie weiß, dass sich Liebe vervielfältigt, wenn wir sie teilen. Und sie möchte im Beruf Erfüllung finden, das kann Karriere bedeuten, muss es aber nicht.

Letzten Sommer war ich von zwei Freundinnen in Köln zum Abendessen eingeladen. Wir saßen in ihrem lauschigen Hinterhof, und ich lernte Gerrit kennen. Gerrit Winter ist 36, Stimmcoach, ein wirklich attraktives Mannsbild, und wir haben uns sozusagen Knall auf Fall ineinander verliebt. Es hat Zoom gemacht. Wir haben zwei Stunden lang die anderen Gäste bespielt, Sätze flogen hin und her, ein Wortspiel folgte dem nächsten, geistreiche Witze funkelten im Minutentakt. Die Gäste haben sich schlapp gelacht über uns. Nach einer halben Stunde hatte ich unseren Namen gefunden: Wir sind Ken und Barbie. Das war der Brüller. Seitdem nennen wir uns auch gegenseitig so.

Gerrit lebt mit seinem Mann in Köln und auf Mallorca. Ich lebe in der Nähe von meinem Mann und meinen Kindern in München. Wie Ken und Barbie sind wir das perfekte Paar. Wir lieben uns, aber eben anders als herkömmlich. Gerrit nennt uns Seelenverwandte. Er sagt:»Du triffst eben einfach manchmal Menschen, die zu dir passen. Da gibt es keine Dogmen. Hand in Hand gehst du durch die Welt, was sind schon 30 Jahre.« 30 Jahre? Ähem, ja stimmt. (Aber innerlich bin ich viel jünger!)

Wir telefonieren alle paar Wochen und freuen uns aneinander. Wir treffen uns drei-, viermal im Jahr in Köln und freuen uns aneinander. Wir schmieden Pläne, was wir beruflich zusammen realisieren können. Er schreibt auch in diesem Moment an einem Buch, seinem ersten. Vielleicht nehmen wir zusammen einen Podcast auf, vielleicht bekommen wir eine Fernsehsendung? Die Pfötchen sind schon ausgestreckt. Das nennt man Turbo-Resonanz.

Liebe kennt viele Formen
Liebe ist aufregend. Und die Welt ist bunt. Frauen und Männer müssen sich nicht immer nur scharf finden, sie können sich auch einfach mögen. Und das ist machbar, ohne dass der Partner oder die Partnerin gleich eifersüch-

tig wird. Die Queen of fucking everything sagt: Ich kann viele Menschen lieben.

Denk doch mal an deine besten Freundinnen und Freunde. Wer nimmt dich in den Arm, wenn du unglücklich bist? Wer kocht dir Hühnersuppe, wenn du krank bist? Wer kennt deine dunkelsten Geheimnisse? Wen könntest du mitten in der Nacht anrufen, wenn du Streit zu Hause hast? Freundschaft ist für mich gelebte Liebe. Einfach ohne Sex (jedenfalls meistens).

Die Verbindung quer durch alle Generationen ist unglaublich bereichernd, was nicht nur Madonna oder Brigitte Macron bewiesen haben. Ich liebe die Frische und das ganz andere Denken junger Menschen (auch wenn mir manches sehr seltsam vorkommt). Deswegen sind mein Sohn und meine Tochter auch meine Geschäftspartner. Ich liebe sie. Wir arbeiten so intensiv und professionell zusammen. Sie bringen Schwung hinein und stehen für die Erweiterung und das Fortbestehen der Marke. Irgendwann werde ich ja vielleicht keine Lust mehr haben, 200 Tage im Jahr zu arbeiten. Durch meinen Sohn, der auch als Coach arbeitet, lerne ich viele junge Kollegen und Kolleginnen kennen. Jede und jeder ist bereichernd. Und natürlich profitiert er umgekehrt von meinen gesetzteren Kontakten (sorry, Freunde). Vielleicht hast du auch die Erfahrung gemacht, dass du dich mit jungen Menschen besser verstehst als mit gleichaltrigen. Dann gehörst du vielleicht auch zur Gruppe der »Queen-ager«? Ist das nicht ein hübsches Wort? Das habe ich neulich auf einer amerikanischen Website gefunden.

Freiheit in deiner Haltung

Wenn du das tust, was du immer getan hast, wirst du das bekommen, was du immer bekommen hast. Du erinnerst dich? Das gilt auch für den Umgang mit anderen Einstellungen. Ich hatte neulich ein intensives Gespräch mit einer jungen Autorin, über Beziehungen. Sie hat wilde Thesen aufgestellt, warum Beziehung weniger Liebe, sondern vor allem Arbeit ist. Ich fühlte mich von jeder ihrer Aussagen provoziert. Zu jedem Satz hatte ich einen Einwand. Ich kam aus der Aber-Falle gar nicht mehr heraus. Nach zehn Minuten begriff ich plötzlich, wie dämlich das war. Ich entschuldigte mich, bat sie, mir erneut ihre Argumentationskette zu erläutern, und versprach, einfach die Klappe zu halten. Als ich emotional offen war, bemerkte ich, dass sie recht hatte. Eine kluge Frau!

Wir brauchen die Auseinandersetzung mit Andersdenkenden, sonst drohen wir, in unserer eigenen Meinungsblase zu ersticken. Das gilt auch für soziale Medien. Ich schlucke bei manchen Meinungen, schreibe manchmal dagegen an. Ich mag aber grundsätzlich andere Meinungen, denn an ihnen teste und schärfe ich meine eigene. (Es gibt da nur eine Grenze: Wer menschenfeindlich und rassistisch ist, der wird blockiert.) Ansonsten zählt die Bereicherung durch Vielfalt. Es heißt ja schließlich nicht »Queen of the fucking one thing«.

Königinnen brauchen Respekt

Und die Queen of fucking everything denkt horizont-erweiternd über das Wort Karriere nach. Sie beugt sich nicht mehr überkommenen Karrierebegriffen, sondern sucht das für sie passende Lebensmodell aus. Dazu ein kleiner Ausflug in die Geschichte: Kennst du den »Fluch der starken Frauen«? Nein, das ist nicht der Titel eines Hollywood-Films. Der Begriff bezeichnet das Phänomen, dass viele Frauen außergewöhnlich viel schultern können. Wie Ilona, 47. Sie hat, wie sie sagt, zusammen mit ihrem Chef sein Unternehmen aufgebaut. Erst war sie seine Sekretärin. Dann kamen Mitarbeiter dazu, sodass sie selbstverständlich auch die Gehaltsbuchhaltung machte. Wieder Jahre später, als sie die 50-Mitarbeiter-Grenze überschritten hatten, betreute Ilona natürlich auch die Personalabteilung. Sie war unverheiratet und steckte ihre ganze Power in den Betrieb. Nach 22 Jahren fragte Ilona ihren Chef, ob er sie nicht von der Sekretärin zur Personalchefin befördern wolle, einhergehend mit einer Gehaltserhöhung. Die Antwort war wie ein Nacken-schlag. Sie habe mit ihrer Ausbildung dafür ja wohl nicht die Befähigung. Ilona hat gekündigt und hat sich eine neue Stelle gesucht. Wie sie inzwischen erfahren hat, ist sie durch drei Mitarbeiter/innen ersetzt worden: Eine Sekretärin, einen Buchhalter und eine Personalchefin.

Wie Ilona geht es vielen starken Frauen. Sie bringen sich ein, sie geben alles und noch ein Stück mehr, aber sie ernten zu wenig Geld und Anerkennung. Einen Thron brauchen die starken Frauen vielleicht nicht, aber Respekt! Von ihren Vorgesetzten und von ihren Partnern. Kennst du den wunderbaren Song von Aretha Franklin

»R. E. S. P. E. C. T.«? In den Siebzigerjahren wurde er das Kultlied der deutschen Frauenbewegung. Die Botschaft: Was erwartet die Frau von ihrem Mann, für den sie alles tut? Wenigstens Respekt! (Stell dir vor, heutzutage wird der Song als Titelmelodie für ›Die Küchenschlacht‹ im ZDF gespielt.) In den Achtzigerjahren wollten die starken Frauen beweisen, dass sie alles können und alles schaffen. Berufstätig sein und Kinder haben, kein Problem. Vielleicht waren sie oft so fertig, dass die nächste Frauengeneration ihr Lebensmodell nicht so attraktiv fand, wie sie dachten.

Ich habe frühzeitig eine Lektion dafür von meiner Tochter erhalten. Sie war gerade in die Schule gekommen und sollte ihre Familienmitglieder mit ihrer Lieblingsbeschäftigung malen. Sie zeichnete sich mit einer Puppe, ihren Bruder mit einem Spielzeugauto, ihren Vater zeitunglesend im Bett und mich – mit Schaufel und Besen. Als ich das Bild sah, bekam ich einen hysterischen Anfall. Ich fuhr das arme Kind an: »Schaufel und Besen, glaubst du wirklich, dass Putzen meine Lieblingsbeschäftigung ist?« Und der Unschuldsengel sagte mit seinem zarten Stimmchen: »Aber, Mami, das machst du doch immer am Wochenende.«

Ich danke meiner Tochter heute noch für diesen Satz. Er hat mich aufgeweckt. Ich stand unter dem Druck, alles unter einen Hut zu bringen: meine Arbeit als Redakteurin, den Haushalt schmeißen, mich um unsere Kinder kümmern, selbst gebackenen Kuchen zum Kindergarten-Sommerfest mitbringen. Und einmal in der Woche abends zum Bauchtanzkurs. Das Ziel war zu funktionieren, um zu zeigen: »We can do it.« Es war nicht so, dass mein damaliger Mann den ganzen Tag zeitunglesend im Bett lag. Aber am Wochenende nahm er sich tatsächlich zwei Stunden Auszeit und durfte nicht gestört werden. Das hätte ich mich mit meinem rabenschwarzen Rabenmuttergewissen nicht getraut.

Die Kinderzeichnung war ein Impuls, etwas zu verändern. Sprich: mehr für mich zu tun. Wachsam zu werden bei den unendlichen Anforderungen, die an uns Frauen gestellt werden, egal, ob ledig oder verheiratet, mit oder ohne Kinder, jung oder alt. Noch heute glauben viele Frauen, ständig beweisen zu müssen, dass sie etwas können. Lange galt der Spruch: Eine Frau muss doppelt so gut sein wie ein Mann, um Karriere zu machen. (Freche Frauen haben dazu gesagt: Na, dann reicht ja ein Halbtagsjob.)

Karriere war sowieso das Zauberwort. In den Neunzigerjahren kam das Wort Karrierefrau auf. Das Wort Karrieremann gibt es komischerweise bis heute nicht (dafür fragen kleine Jungs, ob auch ein Mann Bundeskanzlerin werden kann). Es kamen Unmengen von Ratgebern auf den Markt, ich will mich da gar nicht ausschließen, die Frauen animierten, wie ein Mann zu denken, wie ein Mann zu reden, wie ein Mann zu handeln. Sie schienen den direkten Weg zum Karrierehimmel zu weisen, direkt durch die »glass ceiling«, die gläserne Decke, die Frauen von den Spitzenpositionen abhielt. Auch ich habe in den Neunziger- und Zwanzigerjahren Hunderte von Seminaren in Unternehmen zum Thema »Durchsetzungsstrategien für Frauen« gehalten. Und es gab nur eine Richtung: »Nach oben.« Ich war voll Mainstream.

Erst nach und nach stellen Frauen (genauso wie junge Männer) diese scheinbar einzig mögliche Zielrichtung infrage. Erfüllung zählt heute mehr als Karriere. Wir reden von Sinn und Work-Life-Balance. Das Spektrum des Erfolgs-Begriffs wird erweitert und individualisiert:

> Erfolg kann sein, die Chefin von allen zu werden.
> Er kann bedeuten, sich in eine geliebte Arbeit zu versenken.
> Er umfasst die Balance zwischen Arbeit und Privatleben.
> Er beinhaltet, sich zu spezialisieren und selbstständig zu machen.
> Erfolg ist auch, sich um andere zu kümmern.

Ich halte es für einen echten Erfolg, wenn eine Erzieherin es schafft, dass sich die Kinder in der Marienkäfer-Gruppe wieder einen Tag lang nicht gegenseitig die Schaufel auf den Kopf hauen. Nur leider werden sie dafür nicht im »Handelsblatt« gefeiert. (Oft nicht mal von den Eltern, leider.) Ich finde es einen unglaublichen Erfolg, dass Pflegerinnen und Pfleger alten Menschen ein Zuhause und Geborgenheit geben können. Ich finde, es ist Erfolg, wenn sich jemand neben seiner Arbeit ehrenamtlich engagiert. Ich halte es für Erfolg, wenn eine Frau und ein Mann sich Arbeitszeit und Kinderbetreuung teilen. Und es wird Zeit, dass Erfolg verschiedene Definitionen haben kann, seien sie noch so überraschend.

Wie sieht es mit deiner eigenen Anerkennung für dein Tun aus? Feierst du deine Erfolge? Oder schreckst du schon bei dem Wort zusammen? Versuch doch mal, einen genau zu dir passenden Erfolgsbegriff zu definieren. Vielleicht hilft dir meine Definition: Erfolg ist das Erreichen selbst gesteckter Ziele. Mit Betonung auf selbst gesteckt! Du ahnst schon, jetzt kommt eine kleine Übung:

Würdige deine Erfolge

Schreib auf, welche Ziele du in den letzten Jahren verfolgt hast – privat, beruflich, persönlich, sie können ganz groß oder winzig klein sein. Nur zur Anregung – auf einer Erfolgsliste kann stehen: Die Schule abgeschlossen. Nach der Ausbildung vom Arbeitgeber übernommen. Stelle gewechselt, in der ich unglücklich war. Durchgehalten und Zähne zusammengebissen, bis es besser wurde. Ein, zwei, drei, vier … Kinder geboren, aufgezogen und vielleicht sogar erzogen. Mich dabei nicht vergessen. Ein Unternehmen aufgebaut. Ein Unternehmen verlassen. Mich um meine Eltern gekümmert. Mich etwas getraut. Nach einer Krankheit wieder gesund geworden. Jemanden in traurigen Zeiten begleitet. Meinen ersten Orgasmus gehabt. In einer schwierigen Situation Nein gesagt. Habe eine Freundin trösten können. Mieterhöhung abgewendet. Silberhochzeit gefeiert, obwohl es nicht immer einfach war. Als alleinerziehende Mutter meinem Kind ein Zuhause gegeben. Morgens aufgestanden …

Nimm dir Zeit für diese Liste. Besser noch, lege gleich mehrere Listen an: Leg eine aufs Nachtkästchen und eine auf den Küchentisch, eine ins Badezimmer und hab eine in der Handtasche. Wann immer dir etwas einfällt, schreib es auf. Wenn du tatsächlich nicht auf viele Erfolgserlebnisse kommst, frag andere, woran sie sich bei dir erinnern – deine Familie, deine Freundinnen, gute Kolleginnen, deine Chefin, deinen Chef. Sie sehen deine Erfolge oft klarer als du selbst. Und freu dich dran, wenn die Liste stetig wächst.

Und dann würdige jedes Ziel, das du schon erreicht hast, jeden Erfolg. Das Wenigste ist, lächelnd ein Häkchen dranzumachen. Besser ist schon ein Schulterklopfen für dich selbst. Aber vielleicht ist auch mehr drin? Eine Stunde ungestört in der Badewanne? Das Wochenende im Wellnesshotel? Der Besuch bei deiner alten Freundin, die du schon so lange nicht mehr gesehen hast? Taschen gehen sowieso immer. Und noch eine Idee: Wo steht dein »Queensize-Sessel«? Hast du einen Ort nur für dich allein? An den du dich zurückziehen kannst, wenn dir das Leben ringsum mal zu viel wird? An dem du Kraft schöpfst, an dem du die Nummer eins in deiner Welt bis? Allein sein kann köstlich sein, wenn es selbst gewählt ist.

Nimm dir ein Beispiel an der Schriftstellerin Virginia Woolf. In ihrem Essay ›Ein Zimmer für sich allein‹ stellt sie bereits im Jahr 1929 die These auf, dass Frauen erst kreativ werden können, wenn sie ein Zimmer für sich haben. Nein, nicht die Ecke in der Küche, nicht der kleine Schreibtisch neben dem Bügelbrett im Schlafzimmer. Sondern ein Zimmer ganz für sich, in dem sie die Tür hinter sich zumachen können. (Eine Idee: Hast du ein Gästezimmer? Wie oft hast du Gäste? Könnte das vielleicht dein Zimmer werden?) Vielleicht geht sich das räumlich in deiner Wohnung nicht aus. Dann überleg, welche Zeitfenster du für dich reservieren kannst, in denen du einen Raum für dich hast.

Mein herzlicher Wunsch für dich heißt: »Mach, was *du* willst.« Und nimm diese Sätze des dänischen Pädagogen Jesper Juul als Ansporn und Bestätigung: »Meine Liebe gehört mir, und die verteile ich, wie ich es will. Meine Aufmerksamkeit gehört mir, und die verteile ich, wie ich es will. Auch meine Energie gehört mir, und die verwende ich, wie ich es will. Gute Nacht und schlaft gut.«

Ich wünsche dir ein großartiges Leben, ein Leben als »Queen of fucking everything«!

Mein letzter Queensize-Tipp:
Mach's *einfach*. Aber *mach's* einfach!

Nachwort

Ich habe dieses Buch von August 2019 bis Februar 2020 geschrieben. Also vor Beginn einer Ausnahmezeit, die durch das Coronavirus bestimmt wurde. Jetzt Ende März geht der Text in den Satz.

Ich bin sicher, dass die Erfahrungen, die wir in Zeiten der Ausgangsbeschränkungen, der Einschränkung sozialer Kontakte, der Bedrohung durch ein tödliches Virus und der wirtschaftlichen Schwierigkeiten für Millionen von Menschen gemacht haben, unser Leben nachhaltig verändern werden.

Ich beobachte bei allen Gefahren, die wir erleben und die auch bei mir existenzbedrohend sind, eine Zeit der Hilfsbereitschaft, der Demut und der Veränderung von Werten. Vieles, was vorher vermeintlich wichtig war, erscheint plötzlich banal. Und manche Fähigkeiten, die fast vergessen waren, erleben eine Renaissance.

Wir reden anders miteinander, wir spielen anders miteinander, und wir hören anders zu. Ich weiß zum jetzigen Zeitpunkt nicht, wie sich die Situation weiterentwickeln wird.

Aber ich bin sicher, dass wir Mut zu Veränderungen brauchen und die Bereitschaft, uns auf Neues einzulassen. Wir brauchen Souveränität und Resilienz, um Dinge zu bewältigen, die wir nicht beeinflussen können. Wir brauchen

Selbstbewusstsein und Kreativität, um Dinge neu zu denken und Pläne anzupassen. Das Beste dabei: Dies alles ist in uns angelegt und wartet darauf, dass wir unsere Ressourcen nutzen und unser Leben so großartig gestalten, wie es zu uns passt. Als Queen of fucking everything.

Ich habe mir jedenfalls einen Satz meines Mannes zum Motto gewählt:

Hab keine Angst vor der Zukunft.
Zukunft gab es immer schon.

München, im März 2020
Bleib gesund!
Deine Sabine Asgodom

Dank

Als ich angefangen habe, dieses Buch zu schreiben, kam ich aus einem Tal der Traurigkeit. Ich hatte meinen Mann an die Demenz verloren, war auf der Suche nach einem neuen Lebens-Warum. In dieser Zeit habe ich viel liebevolle Hilfe bekommen, die meine Tränen getrocknet und es ermöglicht hat, dass ich überhaupt wieder schreiben konnte.

Deshalb gilt mein Dank vor allem meinen Kindern, Schwiegerkindern und Enkeln: Bilen, Martin, Semhar, Leena und ihren wunderbaren Kindern. Ich habe euch lieb. Ich danke meiner besten Freundin Elke, die mich tatkräftig begleitet hat, sowie Klaus, Gudrun, Simone, Christine, Hanna, Anschi, Saskia, Ute und Gerrit. Danke auch an mein tolles Team, das mir den Rücken freihält.

Ich danke Monique, der Käuferin eines meiner Bilder, die mich mit unglaublich leckeren Rouladen bezahlt hat. Sie haben mich während der intensiven Schreibzeit gestärkt.

Ich danke meinem Mann, Siegfried Brockert, für die glücklichsten Jahre meines Lebens. Ich danke dir für all das Wissen, das du mit mir geteilt hast, für deinen Mut, der mich beflügelt hat, den besten Sex meines Lebens und deinen Humor, der noch in mir schwingt. Du gabst mir die Erlaubnis, wie die italienische Sängerin Milva es nannte, ganz Frau und trotzdem frei zu sein. Ich werde immer deine Queen of fucking everything bleiben, egal, in welcher fucking Welt du jetzt lebst.

Ich danke den Mitarbeiter/innen des Evangelischen Pflegezentrums in Sendling, die es mir ermöglicht haben, Siegfried gut unterzubringen, und die ihn unterstützen, trotz allem ein friedliches Leben zu führen. Ich danke den Teilnehmer/innen meiner Coachingakademie, die mich Wochenende für Wochenende bestärken, dass wir Liebe in die Welt tragen können. Ich danke meinen Coachingklientinnen, die mir Einblicke in ihr Leben geben sowie die Erlaubnis, sie auf ihrem Weg ein Stück zu begleiten.

Ganz besonders danke ich Yaron und Julia von »Points of you – Creative Tools for Training and Development« (www.points-of-you.com). Sie haben mir großherzig gestattet, 30 Karten ihres Coachingtools »Faces« in diesem Buch zu veröffentlichen und meinen Leserinnen einzigartige Erkenntnisse zu ermöglichen. Ich liebe die Arbeit mit euren Karten.

Ich danke meiner Lektorin Katharina Festner von dtv, die von Beginn an an mich geglaubt hat. Ich danke Eva Maria Prokop, die an meinem Text gefeilt hat. Ich bin eine Mimose. Aber ihre Änderungsvorschläge konnte ich annehmen. Ich danke dem gesamten dtv-Team für eure unglaubliche Resonanz, als ich euch das Buch vorstellen durfte. You made my day!

Literatur

Ahrendt, Hanna: Die Freiheit, frei zu sein; München, 2018

Asgodom, Sabine: Deine Sehnsucht wird dich führen; München, 2016

Asgodom, Sabine: Eigenlob stimmt, Erfolg durch Selbst-PR; Berlin, 2018

Asgodom, Sabine; So coache ich; München, 2012

Bartens, Werner: Empathie, die Macht des Mitgefühls; München, 2015

Bauer, Joachim: Arbeit, warum sie uns glücklich oder krank macht; München, 2013

Bauer, Joachim: Das Gedächtnis des Körpers; Frankfurt, 2013

Bauer, Joachim: Wie wir werden, wie wir sind; München, 2019

Bode, Sabine: Kriegsenkel, die Erben der vergessenen Generation; Stuttgart, 2019

Bode, Sabine: Nachkriegskinder, die 1950er Jahrgänge und ihre Soldatenväter; Stuttgart, 2019

Borbonus, René: Respekt! Wie Sie Ansehen bei Freund und Feind gewinnen; Berlin, 2011

Brockert, Siegfried: Positive Psychologie; Stuttgart, 2001

Brockert, Siegfried: Verführung zum Glück; München, 2002

Csikszentmihalyi, Mihaly: Flow. Das Geheimnis des Glücks; Stuttgart, 2019

Dweck, Carol: Selbstbild. Wie unser Denken Erfolge oder Niederlagen bewirkt; München, 2018

Fredrickson, Barbara: Die Macht der guten Gefühle; Frankfurt, 2011

Fromm, Erich: Haben oder Sein; München, 2005

Ghandi, Arun: Wut ist ein Geschenk. Das Vermächtnis meines Großvaters Mahatma Ghandi; Köln, 2017

Gottman, John. M.: Die sieben Geheimnisse der glücklichen Ehe; Berlin, 2014

Gottman, John. M.: Die Vermessung der Liebe: Vertrauen und Betrug in Paarbeziehungen; Stuttgart, 2014

Hagen, Jeannette: Die verletzte Tochter. Wie Vaterentbehrung das Leben prägt; München, 2015

Hagen, Jeannette: Die leblose Gesellschaft. Warum wir nicht mehr fühlen können; Berlin, 2016

Juul, Jesper und Schöpf, Kerstin: Eltern Coaching. Gelassen erziehen; Weinheim, 2012

Juul, Jesper: Vier Werte, die Kinder ein Leben lang tragen; München, 2012

Lehofer, Michael: Mit mir sein. Selbstliebe als Basis für Begegnung und Beziehung; Wien, 2017

Lyubomirsky, Sonja: Glücklich sein. Warum Sie es in der Hand haben, zufrieden zu leben. Frankfurt, 2013

Meyer-Legrand, Ingrid: Die Kraft der Kriegsenkel; München, 2016

Miller, Alice: Am Anfang war Erziehung; Frankfurt, 2013

Miller, Alice: Das Drama des begabten Kindes; Frankfurt, 2013

Miller, Alice: Du sollst nicht merken; Frankfurt, 1983

Obama, Michelle: Becoming. Meine Geschichte; München, 2018

Ritter, Steffen: Selbstbewusstsein; Offenbach, 2016

Sandberg, Sheryl: Option B. Wie wir durch Resilienz Schicksalsschläge überwinden und Freude am Leben finden; Berlin, 2017

Seligman, Martin E.: Flourish. Wie Menschen aufblühen; München, 2012

Seligmann, Martin E.: Der Glücks-Faktor. Warum Optimisten länger leben; Bergisch Gladbach, 2005

Watzlawick, Paul: Anleitung zum Unglücklichsein; München, 1988

Wolf, Doris: Ab heute kränkt mich niemand mehr; Augsburg, 2008

Sabine Asgodom gehört zu den bedeutendsten deutschen Keynote-Speakern. Sie hält ihre Vorträge in Großunternehmen und bei Mittelständlern, in Hallen wie vor ausgewählten Gruppen. In ihren mehr als 40 Jahren als Journalistin, Trainerin, Coachin, Autorin, Speaker und Unternehmerin hat Sabine Asgodom ihren ganz persönlichen Stil aus Gelassenheit und Humor entwickelt. Ein Moderator hat einmal über sie gesagt:»Ich habe noch nie eine solche Mischung aus Tiefenentspannung und hoher Energie erlebt.«

Als Absolventin der Deutschen Journalistenschule und erfolgreiche Redakteurin (›Eltern‹, ›Freundin‹, ›Cosmopolitan‹) besitzt sie ein Gespür für Trends. Sie hat mehr als 30 Bücher veröffentlicht und selbst erfolgreiche Firmen gegründet, darunter Asgodom Live und die Asgodom-Coach-Akademie GmbH.

Sabine Asgodom ist Gründungsmitglied und Past President der German Speakers Association (GSA). Der bedeutende Rednerverband mit mehr als 600 Mitgliedern in Deutschland, Österreich und der Schweiz hat Sabine Asgodom 2010 in seine »Hall of Fame« gewählt (unter den Ausgezeichneten: Dr. Eckart von Hirschhausen, Rüdiger Nehberg, Emil Steinberger, Reinhold Messner). Die ›Financial Times Deutschland‹ hat sie schon vor Jahren als eine der »101 wichtigsten Frauen in der Deutschen Wirtschaft« porträtiert.

Sabine Asgodom hat sich ihr Leben lang auch gesellschaftlich engagiert. Dafür wurde sie 2010 vom Bundespräsidenten mit dem Bundesverdienstkreuz am Bande der Bundesrepublik Deutschland ausgezeichnet.

Hier können Sie mehr von Sabine Asgodom sehen:
www.asgodom.de
www.asgodom-art.de
www.youtube.de
www.facebook.com/Sabine Asgodom

Verlosung:

Queens on Stage

Frauenpower auf der Bühne

Ich hoffe, ihr habt diese Botschaft aus meinem Buch verstanden: Wir brauchen mehr mutige Frauen im Queen-size-Format, die Haltung zeigen und ihre Meinung sagen, sich einmischen, argumentieren und überzeugen.

Was können wir tun, um mehr Frauen sichtbar zu machen? Wir müssen sie ermutigen, stärken und ausbilden. Deshalb starte ich hier meine große Frauenpower-Aktion »Queens on Stage«:

- Du bist eine Frau, die etwas zu sagen hat?
- Du bist eine Frau mit Erfahrung, Expertin auf einem Gebiet?
- Du engagierst dich beruflich oder ehrenamtlich für Frauen?
- Du möchtest Wissen vermitteln oder Frauen (und Männer) inspirieren?
- Und du brauchst Mut, Können und Technik, um auf Bühnen noch wirkungsvoller reden zu können?

Dann bewirb dich bei meiner Aktion: Queens on Stage! Ich vergebe unter den Leserinnen dieses Buches 10 Plätze in meinem neuen, zu diesem Buch konzipierten Webinar für kraftvolles Reden, das als Online-Kurs stattfindet (du brauchst zur Teilnahme einen Computer mit Kamera und Mikrofon eine stabile Internetverbindung).

Der Kurs bietet insgesamt 20 Stunden intensives Training für Redepräsenz. Er findet über mehrere Monate an Wochenenden und abends statt. Die Termine werden dir nach deiner Bewerbung rechtzeitig vor Beginn mitgeteilt.

Mit Hilfe des Asgodom-Rede-Puzzles erarbeitest du mit mir:

- Wie du dein Thema auf den Punkt bringst.
- Wie du deine Überzeugung, deine Vision und deine Thesen so zuspitzt, dass deine Botschaft bei den Zuhörerinnen ankommst.
- Wie du eine überzeugende Rede aufbaust, mit Storys, Beispielen, Fakten, Erkenntnissen – und einer guten Prise Humor. Denn wie heißt mein Motto: Wer lacht, lernt.

Möchtest du eine der Queens on Stage werden, fordere hier das Bewerbungsformular an:
info@asgodom.de

Beschreibe darin, wer du bist, was du für Frauen tust, wo und vor wem du Vorträge hältst oder halten willst – und warum du das Redetraining dringend brauchst.

Häng bitte ein Foto und einen kurzen Lebenslauf an.

Die Aktion endet am 31.3.2021.

Ich bin gespannt auf deine Bewerbung. Trau dich!

Sabine Asgodom

Dieses Buch hat die Kraft,
Ihr Leben zu verändern